U0515970

登额曲细石器遗存

青海省文物考古研究所
四川大学考古文博学院
四川大学中国藏学研究所　编著
成都文物考古研究院

文物出版社

北京·2022

图书在版编目（CIP）数据

登额曲细石器遗存 / 青海省文物考古研究所等编著 .
-- 北京：文物出版社，2022. 12
（青海玉树田野考古报告集；2）
ISBN 978 - 7 - 5010 - 7772 - 4

Ⅰ. ①登…　Ⅱ. ①青…　Ⅲ. ①石器时代考古—调查报
告—玉树藏族自治州　Ⅳ. ①K871. 105

中国版本图书馆 CIP 数据核字（2022）第 162243 号

登额曲细石器遗存

编　　著：青海省文物考古研究所
　　　　　四川大学考古文博学院
　　　　　四川大学中国藏学研究所
　　　　　成都文物考古研究院

责任编辑：黄　曲
封面设计：程星涛
责任印制：王　芳

出版发行：文物出版社
社　　址：北京市东城区东直门内北小街 2 号楼
邮　　编：100007
网　　址：http：//www. wenwu. com
经　　销：新华书店
印　　刷：宝蕾元仁浩（天津）印刷有限公司
开　　本：889mm×1194mm　1/16
印　　张：11. 25
版　　次：2022 年 12 月第 1 版
印　　次：2022 年 12 月第 1 次印刷
书　　号：ISBN 978 - 7 - 5010 - 7772 - 4
定　　价：280. 00 元

本书版权独家所有，非经授权，不得复制翻印

Microblade Sites from Deng'e River Valley

(With an English Abstract)

by

The Institute of Cultural Relics and Archaeology, Qinghai Province

School of Archaeology and Museology, Sichuan University

Center for Tibetan Studies of Sichuan University

Chengdu Cultural Relics and Archaeological Research Institute

Cultural Relics Press

Beijing · 2022

总序

续写青藏高原考古的新篇章

　　青海是青藏高原的重要组成部分,从自然与人文两个方面构成了中国西部富有特色的景观带。从地理位置上看,青海处于号称"世界屋脊"的青藏高原东北隅,周围被部分昆仑山、阿尔金山、祁连山、唐古拉山、巴颜喀拉山、积石山等山脉所环绕,地势由西向东倾斜。与同处这一地理单元内的西藏高原相比较,青海的自然环境更为优越,境内大部分地区的海拔均在 2000 米至 4500 米之间,湟水、黄河谷地和柴达木盆地的海拔则只有 2000 米至 3000 米,可以大致划分为三个各具特色的地理区域:北半部为河西走廊南侧祁连山脉所隔阻而成的高原,自然景观主要为沙漠和草原;南半部为昆仑山脉以东的延伸地带,为长江和黄河两大河流的发源地带,自然景观为起伏的山地、连绵的高原河谷与宽广的草原相接;东半部则为河湟区域,自然景观以山脉、河谷盆地相间排布,是青海海拔最低也最为温暖的地带。总体而言,青海境内大部分地区地势起伏和缓、地域辽阔,由各条山脉所分割形成宽谷与河谷地带,根据不同的纬度高低形成若干条从西北向东南方向延伸的自然通道。有学者曾经形象地将这些自然通道称之为"冰原之道""河谷之道""水草之道"和"绿洲之道"①。活动在青海不同地区的古代人群,通过长期适应这一自然环境,在高海拔的青藏高原顽强地生存繁衍,同时也利用这些自然通道积极向外开拓发展,为青海古代文明史写下了重要的篇章。其中,考古实物史料的不断发现与增长更是如同习近平总书记所指出的那样,"延长了历史轴线,增强了历史信度,丰富了历史内涵,活化了历史场景"。

　　青海省的文物考古工作在 19 世纪末 20 世纪初便开始起步。中华人民共和国成立以来,不断取得新的成绩。由于青海特殊的地理环境和历史上长期形成的多民族共同开拓发展青藏高原的历程,文物考古工作在一些重要的研究领域内备受关注。

　　首先,是人类进入青藏高原的时间、路线和逐步拓殖高原的进程这一重大问题。青海旧石器时代遗存早在 20 世纪 50 年代中期便有可可西里地区砾石砍砸器、刮削器的发现。20 世纪 80 年代以后,在小柴达木湖畔又发现了能确定原生地层的旧石器时代地点,还发现了拉乙亥、达玉台等细石器遗存,以及与新石器时代陶器共存的朱家寨、柳湾、麻尼湾等细石器遗存,甚至更晚的与青铜器共存的青海湖畔卡约文化石棺葬中的细石器遗存。近年来,随着青藏高原一系列具有地层

---

① ［日］阿子岛功:《青海シルクロードの自然環境——谷あいの道、水草の道、绿洲の道、冰原の道》,《中国・青海省におけるシルクロードの研究》,《シルクロード学研究》,2002,14: 37 - 77.

关系的旧石器时代遗存的发现，人类踏上青藏高原的时间表已经上溯到距今 13 万年至 5 万年①，而青海地区无疑是其中重要的通道之一。在多个地区新发现数量众多的石器地点，为总体上认识青藏高原人类的分布、活动以及生存情况提供了新线索和新材料。

其次，青海的古代岩画早在 20 世纪 80 年代就开始进入考古学者的关注视野。由于青海地域辽阔，与中国北方和欧亚草原有着天然的联系，具有丰富内容和凿刻技法的岩画先后在青海海西野牛沟、卢山、怀头他拉和海北舍布齐等地被调查发现，画面上出现了野牛、野马、羚羊、盘羊、熊、豹、狼等多种动物形象，以及人骑马、狩猎、放牧、驾车等各种场景，极大地活化和丰富了青海古代不同民族的生产与生活画面。虽然对于岩画的年代问题始终是一个困扰着学术界的难题，但这些岩画资料的不断积累和增长，如果将其放置到一个较为广阔的时空范围内加以认识，则对于研究青海古代社会历史仍不失为重要的史料。

再次，随着公元 7 世纪青藏高原吐蕃王朝的建立，尤其是唐代吐蕃对于吐谷浑的占领，使得青藏高原的政治关系和民族格局也出现了重大的变化。一方面，是吐蕃文化进入青海地区，不仅在青海湖周边发现了以都兰热水墓地为代表的诸多大型吐蕃墓地，具有吐蕃时代文化特征的覆斗形封土墓、石棺墓等也在玉树、果洛等地相继发现。另一方面，青海境内的吐谷浑故地也不断发现仍然保持着吐谷浑王族自身文化特点的考古文化遗存，例如新发现的乌兰泉沟一号墓等。无论是吐蕃还是吐谷浑等族群，都与中原文化保持着密切的交往和联系，在青海地区呈现出特有的多民族文化相互融合、交相辉映、丰富多彩的北朝至唐代文化面貌。

这个时期，两个具有重要标志性特点的考古成就尤其值得关注。

其一是，从史前时代开始，经过南北朝时期继而开发形成的"青海道"（也称"河南道""羌中道"等），在唐代吐蕃时期得到了进一步的扩展，与原有的"沙漠丝绸之路"相互融合、交汇和重组，奠定了"高原丝绸之路"的主干线、重要驿站、交汇点等标志性要素。唐代中原王朝和兴起于青藏高原的吐蕃王朝对青海一地的争夺，虽然最终以吐蕃对青海的占领而告一段落，但这并没有隔绝中原与青海、西藏等地传统的交流往来。吐蕃出于其长远的谋略，在夺取青海之后，向东将其控制区域直接与唐代中原地区相接连，既可由青海东进河湟，也可由青海北出西域，通过西域丝绸之路，经印度河上游的大小勃律（今雅辛及吉尔吉特地区）、护密（今阿姆河上游的瓦罕河谷地区）等地以及中国新疆地区南疆的于阗（今和阗）、喀什一线，直接将其势力扩张到中亚地区。这个时期许多具有西亚、中亚和南亚文化特点的金银器、钱币、丝织品、马具等通过不同渠道进入青海地区，在考古学上都留下了丰富的遗存，成为研究"一带一路"尤其是以青藏高原为主要经由之地的"高原丝绸之路"极其重要的实物史料。

其二是，北朝、唐以来随着佛教在中土的不断传播，加之唐代敦煌、吐蕃和西域佛教的交互影响，也对青海地区佛教考古艺术独特风格的形成产生了重要的作用。除早年在青海玉树发现的大日如来殿（习称为"文成公主庙"）以外，近年又相继在勒巴沟、大日如来殿等地新发现了一批具有汉藏佛教艺术风格的造像、题刻，尤其是大日如来殿后山崖面上新发现的题刻中，还有用

① 据四川省文物考古研究院在青藏高原东缘稻城皮洛旧石器时代遗存的发现，在不晚于距今 13 万年前，已经出现了以成熟的手斧系统为主要特征的旧石器时代文化。资料尚待正式公布。

汉文、藏文、梵文三体文字刻写的《波罗蜜多心经》，更是生动地体现了佛教在青海地区不断民族化、中国化的历史进程，也是"高原丝绸之路"上佛教文化传播与变迁的真实写照。

青海省文物考古研究所长期以来承担着青海省考古与文物工作的重任，经过几代学人的不懈努力，开拓出青海考古一个又一个的新局面。在许新国先生、任晓燕先生、乔虹先生、武国龙先生等几任所长的大力推动之下，青海省文物考古研究所与各高校、研究机构之间的合作也在不断加强。四川大学中国藏学研究所、四川大学考古文博学院作为国内长期以来坚持在青藏高原开展科学考察和考古调查、发掘的重要涉藏研究机构，和青海省文物考古研究所建立了密切而广泛的交流与合作关系，取得了一些重要的合作成果。目前出版的这套青海考古报告集，就是我们双方共同努力的产物之一。

通过《通天河流域岩画》《登额曲细石器遗存》《勒巴沟与贝纳沟佛教摩崖石刻》这几部考古报告，我们可以从中窥见上述几个研究领域内一些重要的考古新发现和初步的研究成果。这些研究成果主要出自两个合作单位部分中青年学者之手，虽然难免还会存在着这样那样的问题与不足之处，但这仍是具有标志性意义的一大步，它不仅显示出青海考古具有广阔的发展空间，也预示着一批学术新人将会在前人的基础上大展身手，不断继承、开拓和创新，续写青藏高原考古的新篇章。

谨以此文感谢青海省文物局、青海省文物考古研究所的各位领导和同仁，也祝贺双方共同组建的这一研究团队取得的新成绩，更预祝未来的青海考古前程远大，更上层楼！

霍　巍

2021 年 10 月于四川大学江安花园

内容简介

　　登额曲流域是目前青藏高原发现细石叶遗存最为密集的区域之一，石制品丰富，其中，参雄尕朔（Tshem gzhung kha thog）遗址经过系统发掘，出土了丰富的石制品和古人类用火遗迹。发掘显示，该遗址共有两个文化层，第一文化层年代为距今 7265～7160 年，第二文化层年代为距今 8171～7431 年。

　　本书是对登额曲流域石器点地表采集石制品和参雄尕朔遗址发掘材料研究的阶段性报告，全面报道了该流域石器点分布状况、石制品类型与石器技术，以及参雄尕朔遗址的发掘、地层和年代、遗址石料类型等。在分析研究石制品组合、技术特征与参雄尕朔遗址遗存分布特征的基础上，探讨了参雄尕朔遗址性质；在"操作链"思想的指导下，对所有石制品进行了技术－类型学分析，还原了细石叶生产的过程；结合周边资源分布状况、遗址原料获取与利用等信息，探讨了古人类的技术组织策略和流动性模式等问题，为青藏高原东部全新世中期古人类的技术演化和环境适应提供了材料。

目　录

插图目录

插表目录

附表目录

第一章　引言

第一节　青藏高原的史前考古研究

青藏高原是世界上海拔最高的区域，高寒缺氧、生物产量低、气候变化多端，这对人类的生存造成了极大的挑战，古人类何时进入高原并逐渐适应高寒缺氧的环境走向定居，是史前考古研究的重要科学问题。相比中国其他区域，青藏高原的考古学发展在较长的一段时间内处于相对落后的状态，但随着考古队伍的壮大和国内外学者的关注，近年来，青藏高原的考古发现与研究蓬勃发展。

20世纪50年代，青海格尔木三岔口和霍霍西里发现零星的打制石器，1958年，邱中郎对此进行了报道[1]，这是我国考古学家涉及青藏高原史前考古相关工作的最早记录。从20世纪70年代开始，中国科学院、中国地质科学院等单位开始组织青藏高原科考项目，关注地质学与环境调查，此次科考也发现了大量的石器点，随后开展的全国文物普查也使众多遗存得以发现。如西藏定日苏热、藏北各听[2]、申扎双湖、珠洛勒[3]、多格则[4]、小柴达木湖[5]、夏达错[6]、哈东淌、确的淌[7]、热角[8]、贡崩[9]、仲巴县城北[10]、吉隆罗垄沟[11]等地点。以上工作为青藏高原的史前考古积累了大量的地表材料，这些材料虽然无法获得直接的测年数据，也缺乏明确的考古出土背景，但从石制品

---

[1]　邱中郎：《青藏高原旧石器的发现》，《古脊椎动物学报》1958年第2期。

[2]　钱方、吴锡浩、黄慰文：《藏北高原各听石器初步观察》，《人类学学报》1988年第1期。刘景之：《青藏高原小柴达木湖和各听石制品观察》，《文物季刊》1995年第3期。

[3]　安志敏、尹泽生、李炳元：《藏北申扎双湖的旧石器和细石器》，《考古》1979年第6期。

[4]　刘泽纯、王富葆、蒋赞初等：《西藏高原多格则与扎布地点的旧石器——兼论高原古环境对石器文化分布的影响》，《考古》1986年第4期。

[5]　黄慰文、陈克造、袁宝印：《青海小柴达木湖的旧石器》，《中澳第四纪学术讨论会论文集》，科学出版社，1987年。黄慰文：《青藏高原的早期人类活动》，《中国西藏》2001年第2期。

[6]　李永宪、霍巍、更堆：《阿里地区文物志》，第13页，西藏人民出版社，1993年。霍巍：《阿里夏达错湖滨旧石器的发现》，《中国西藏》1994年第6期。吕红亮：《西藏旧石器时代的再认识——以阿里日土县夏达错东北岸地点为中心》，《考古》2011年第3期。

[7]　李永宪：《专题文物图说明》，2010年，第56~73页。

[8]　李永宪、霍巍、更堆：《阿里地区文物志》，第11~13页，西藏人民出版社，1993年。

[9]　房迎三、王富葆、汤惠生：《西藏打制石器的新材料》，见董为主编《第九届中国古脊椎动物学学术年会论文集》，海洋出版社，2004年。

[10]　李永宪、霍巍：《西藏仲巴县城北石器地点》，《考古》1994年第7期。

[11]　西藏文管会文物普查队：《西藏吉隆县罗垄沟石器地点》，《南方民族考古》（第四辑），四川科学技术出版社，1992年。李永宪：《吉隆罗垄沟等雅鲁藏布江中上游的石器遗存——兼论西藏高原细石器遗存的相关问题》，《南方民族考古》（第四辑），四川科学技术出版社，1992年。

的地质信息和石制品类型等方面证明了高原上存在早期人类活动①。

20 世纪后半叶，青藏高原的史前考古发生了重要的转变。青海拉乙亥遗址、马家窑文化遗址群和西藏昌都卡若遗址、拉萨曲贡遗址、小恩达遗址、邦嘎遗址等的发掘与研究具有重要意义。至 20 世纪 90 年代，青海境内马家窑文化的遗存已超过 900 处②，文化内涵丰富；卡若遗址③、小恩达遗址④、邦嘎遗址⑤等多次的发掘发现了大量房屋遗存，这为研究遗址的聚落布局、房屋建筑工艺、空间利用等方面提供了新的材料；曲贡遗址⑥中发现了可能与祭祀活动相关的灰坑与墓葬，这是对史前人群精神生活最直接的反映；除此之外，卡若、小恩达、昌果沟等遗址也发现了大量动植物遗存，这是了解史前人群生业方式和文化交流的直接证据。拉乙亥遗址是青藏高原上第一个经过考古发掘并具有确切年代的细石器遗存，发掘获得了丰富的文化遗存，包括石制品、动物化石和少量骨器、火塘以及古人类牙齿化石。研究者对遗址开展了石器技术分析和技术对比研究，并对遗址性质和利用进行了探讨⑦。拉乙亥遗址的研究使得学者们对石制品研究不再停留在描述与类型学分析上，动态类型学指导下的技术 – 类型分析得以开展，使石器技术对比研究成为可能。

21 世纪之初，由中国科学院古脊椎动物与古人类研究所及多位美国考古学者合作，在青藏高原东北部开展了系统的考古调查与试掘工作，发现了多处石器点并获取了遗址确切的年代学数据，如青海湖周边的黑马河遗址⑧、江西沟遗址⑨、晏台东遗址、铜线遗址、娄拉水库遗址⑩、151 遗址⑪等。除此之外，还包括昆仑山口的西大滩遗址⑫、野牛沟遗址⑬和果洛州玛沁县下大武遗址⑭。

① 霍巍、王煜、吕红亮：《考古发现与西藏文明史·第一卷：史前时代》，科学出版社，2015 年。

② 国家文物局：《中国文物地图集·青海分册》，中国地图出版社，1996 年。

③ 西藏自治区文物管理委员会、四川大学历史系：《昌都卡若》，文物出版社，1985 年。

④ 西藏文物管理委员会文物普查队：《西藏小恩达新石器时代遗址试掘简报》，《考古与文物》1990 年第 1 期。

⑤ 夏格旺堆：《邦嘎新石器时代遗址的考察及考古发掘》，《中国西藏》2001 年第 4 期。李林辉：《山南邦嘎新石器时代遗址考古新发现与初步认识》，《西藏大学学报》（汉文版）2001 年第 4 期。西藏自治区文物保护研究所、四川大学考古系、山南市文物局：《西藏琼结县邦嘎遗址 2015 年的发掘》，《考古》2020 年第 1 期。

⑥ 中国社会科学院考古研究所、西藏自治区文物局：《拉萨曲贡》，中国大百科全书出版社，1999 年。

⑦ 盖培、王国道：《黄河上游拉乙亥中石器时代遗址发掘报告》，《人类学学报》1983 年第 1 期。

⑧ Madsen, D. B. , Ma, H. Z. , Brantingham, J. P. , et al. , The Late Upper Paleolithic Occupation of the Northern Tibetan Plateau Margin, *Journal of Archaeological Science*, 2006, 33: 1433 – 1444.

⑨ Rhode, D. , Zhang, H. Y. , Madsen, D. B. , et al. , Epipaleolithic/Early Neolithic Settlements at Qinghai Lake, Western China, *Journal of Archaeological Science*, 2007, 34: 600 – 612; Madsen, D. B. , Ma, H. Z. , Brantingham, J. P. , et al. , The Late Upper Paleolithic Occupation of the Northern Tibetan Plateau Margin, *Journal of Archaeological Science*, 2006, 33: 1433 – 1444; Brantingham, P. J. , Gao, X. , Olsen, J. W. , et al. , A Short Chronology for the Peopling of the Tibetan Plateau, *Developments in Quaternary Sciences*, 2007, 9: 129 – 150; Sun, Y. J. , Lai, Z. P, Madsen, D. B. , et al. , Luminescence Dating of a Hearth from the Archaeological Site of Jiangxigou in Qinghai Lake Area of the Northeastern Qinghai – Tibetan Plateau, *Quaternary Geochronology*, 2012, 12: 107 – 110.

⑩ 仪明洁、高星、张晓凌等：《青藏高原边缘地区史前遗址 2009 年调查试掘报告》，《人类学学报》2011 年第 2 期。

⑪ Wang, J. , Xia, H. , Yao, J. T. , et al. , Subsistence Strategies of Prehistoric Hunter-gatherers on Tibetan Plateau during the Last Deglaciation, *Science China Earth Sciences*, 2020, 63: 395 – 404.

⑫ Van Der Woerd, J. , Tapponnier, P. , Ryerson, F. J. , et al. , Uniform Postglacial Slip-rate along the Central 600 km of the Kunlun Fault(Tibet), from ^{26}Al, ^{10}Be, and ^{14}C Dating of Riser Offsets, and Climatic Origin of the Regional Morphology, *Geophysical Journal International*, 2002, 148 (3): 356 – 388.

⑬ 汤惠生：《青海昆仑山山口发现的细石器考古新材料》，《科学通报》2013 年第 3 期。

⑭ Van Der Woerd, J. , Tapponnier, P. , Ryerson, F. J. , et al. , Uniform Postglacial Slip-rate along the Central 600 km of the Kunlun Fault(Tibet), from ^{26}Al, ^{10}Be, and ^{14}C Dating of Riser Offsets, and Climatic Origin of the Regional Morphology, *Geophysical Journal International*, 2002, 148 (3): 356 – 388.

国内外学者通过对这些遗址的研究，探讨了古人类涉足青藏高原不同地区的时间、方式以及人类行为与环境的关系等问题，使青藏高原的史前考古研究重心从器物、技术转移到对人类适应性的探讨上。

近十年来，在已有的研究基础上，考古学者、地质学家、遗传学家及环境学者开展了更多系统的多学科合作研究，取得了多项显著的研究成果，新发现不仅将史前人群在高原上的活动时间大大提前，也对探讨古人类的高海拔适应性等问题意义重大，更为研究史前人群定居高原这一重大科学问题提供了新的研究思路。

2013～2018 年，中国科学院古脊椎动物与古人类研究所高星带领的研究团队在藏北高原色林错湖盆开展考古调查与发掘工作，并发现了尼阿底遗址，这是青藏高原腹地目前已知海拔最高且年代最早的遗址。发掘获得大量石制品，其技术特征为典型的棱柱状石叶石核。遗址的年代测定显示，在 4 万至 3 万年前，古人类已涉足青藏高原腹心地带①。

2019～2020 年，兰州大学与中国科学院青藏高原研究所研究团队先后报道了甘肃夏河人的相关研究成果。夏河人下颌骨可能发现于甘肃夏河县的白石崖洞穴，通过对化石外包裹的碳酸盐结核进行铀系测年分析，测年结果显示其为距今 16 万年前后②，这是目前全世界年代最早的人类活动于高海拔区域的考古记录。基于传统的骨骼形态测量比较和古蛋白分析，古人类学家认为夏河人可能为丹尼索瓦人。随后，发掘者对白石崖洞穴不断进行发掘与古 DNA 研究③，最终在遗址土壤中提取到了属于丹尼索瓦人的基因，从侧面证明了早在中更新世晚期，丹尼索瓦人可能已经涉足青藏高原，这一发现再一次刷新了我们对史前人群拓殖高原的认知。但夏河人化石也并非毫无争议，首先，化石本身脱离了考古出土背景，确切出土位置不明；其次，目前研究团队所报道的石制品大多为简单石核－石片技术体系的产品，这与丹尼索瓦人典型的石器技术并不匹配，其原因值得进一步探索。

2019～2021 年，四川省文物考古研究院在川西高原开展考古调查工作，于四川稻城发现并发掘了皮洛遗址。经过发掘，发现了七个连续堆积的文化层和数以万计的石制品④。石制品包含砾石石器、阿舍利传统石制品、小石片石器，技术特征鲜明，是世界范围内阿舍利组合分布的最高点。

邱桑遗址位于拉萨堆龙德庆县，在这里发现了多处古人类手印、脚印。章典等在 21 世纪之初，通过对邱桑遗址钙化沉积物中的石英砂进行光释光测年，得到遗址的年代为距今 2 万年左右⑤。随后，Aldenderfer 对该遗址进行了铀系测年，得到的年代结果为距今 3.2 万～2.8 万年⑥。

---

① Zhang, X. L., Ha, B. B., Wang, S. J., et al., The Earliest Human Occupation of the High – altitude Tibetan Plateau 40 Thousand to 30 Thousand Years Ago, *Science*, 2018, 362(6418): 1049 – 1051.

② Chen, F., Welker, F., Shen, C. C., et al., A Late Middle Pleistocene Denisovan Mandible from the Tibetan Plateau, *Nature*, 2019, 569(7756): 409 – 412.

③ Zhang, D. J., Xia, H., Chen, F. H., et al., Denisovan DNA in Late Pleisocene Sediments from Baishiya Karst Cave on the Tibetan Plateau, *Science*, 2020(370): 584 – 587.

④ 四川省文物考古研究院、北京大学考古文博学院：《四川稻城皮洛旧石器时代遗址》，《考古》2022 年第 7 期。

⑤ Zhang, D., Li, S. H., Optical Dating of Tibetan Human Hand and Footprints: An Implication for the Palaeoenvironment of the Last Glaciations of the Tibetan Plateau, *Geophysical Research Letters*, 2002, 29(5): 161 – 163; Zhang, D., Li, S. H., Li, B. S., Human Settlement of the Last Glaciations on the Tibetan Plateau, *Current Science*, 2003, 84(5): 701 – 704.

⑥ Aldenderfer, M. S., Moving up in the World, *American Scientist*, 2003, 91(6): 542 – 549; Aldenderfer, M. S., Modeling the Neolithic on the Tibetan Plateau, *Late Quaternary Climate Change and Human Adaptation in Arid China*, edited by Madsen, D. B., Chen, F. H., Gao, X., New York: Elsevier, 2007: 151 – 165.

2017 年，Aldenderfer 研究团队对该遗址进行了新的研究①，获得三个新的年代数据，分别为距今
7400 年、距今 8200 年和距今 12670 年左右。虽然没有发现相应的遗存，但通过旅行成本模型分
析，Aldenderfer 研究团队认为古人类至少在距今 7400 年便在邱桑附近定居。这一研究成果虽为间
接的证据，但为史前人群在高原永久定居的探讨提供了新的研究思路，也对之前陈发虎等②所提出
的在距今 3600 年左右农业人群在高原定居的理论提出了挑战。2018 年后，章典等对手脚印进行了
更加详细的研究，通过对它们的 3D 模型模拟、测量和形态定量分析，对手脚印的原生性进行了研
究，新的测年结果为距今 22.6 万 ~ 16.9 万年③。

第二节　青藏高原的细石叶工艺

随着末次冰盛期（30 ~ 18ka）的结束，全球逐渐升温，进入末次冰消期（16 ~ 11ka），这个时
间段在考古学上被划分为旧石器时代晚期晚段。在欧亚大陆，这一时期见证了一系列人类行为的
革命性变化，遗址数量空前增多，骨器、磨制石器、陶器、墓葬出现，定居程度增强，甚至有限
的动植物被驯化都随着末次冰盛期的结束而相继涌现，现代人也大体在这个时候进入了美洲。就
石器技术而言，细石叶技术开始作为主要的技术特征出现在石制品组合中。在大约距今 2.7 万年
左右，中国华北地区的下川遗址④、柿子滩遗址 S29 地点⑤和陕西龙王辿遗址⑥等出现了中国最早
的细石叶遗存，并且持续至全新世早中期。

目前的考古证据表明，青藏高原是欧亚旧石器时代晚期细石叶工业分布的重要地区。大体在
末次冰消期之后，开始出现大量细石叶遗存，这些细石叶遗存分布广泛，在海拔 3100 米（昌都卡
若遗址）到海拔 5200 米（日土县帕也曲真沟地点）的地方均有发现。但长期以来，因大多数遗址
石制品缺失地层依据，且不见磨制石器、陶器和骨器等，青藏高原细石器遗存缺乏准确的年代数
据。以往研究者多从两个方面入手来界定遗址年代：一是细石器地点分布位置、埋藏部位等地质
学信息，二是石器工艺特征的类型学分析和细石核形态。从石器类型出发的判断，缺乏对标本的
仔细观察，以及缺乏"操作链"的研究理念，将不同类型的细石核视为不同时代的产物。但欧亚
细石叶的研究多次表明，细石叶石核的类型多与石料质量和特定人群的技术传统相关，并不能完
全指示年代的早晚，而不同形态的细石核在中国北方、西伯利亚及东北亚地区确有早晚关系，但
它们也并非不能共存。幸运的是，经过中外考古学家近些年的努力，目前我们已经大致获得青藏
高原细石叶技术出现和延续的基本年代框架。

---

① Meyer, M. C. , Aldenderfer, M. S. , Wang, Z. , et al. , Permanent Human Occupation of the Central Tibetan Plateau in the Early Holocene, *Science*, 2017(355): 64 – 67.

② Chen, F. H. , Dong, G. H. , Zhang, D. J. , et al. , Agriculture Facilitated Permanent Human Occupation of the Tibetan Plateau after 3600 B. P. , *Science*, 2015, 347(6219): 248 – 250.

③ Zhang, D. D. , Bennett, M. R. , Cheng, H. , et al. , Earliest Parietal Art: Hominin Hand and Foot Traces from the Middle Pleistocene of Tibet, *Science Bulletin*, 2021, 66(24): 2506 – 2515.

④ 中国社会科学院考古研究所、山西省考古研究所：《下川：旧石器时代晚期遗址发掘报告》，科学出版社，2016 年。

⑤ 山西大学历史文化学院、山西省考古研究所：《山西吉县柿子滩遗址 S29 地点发掘简报》，《考古》2017 年第 1 期。

⑥ 王小庆、张家富：《龙王辿遗址第一地点细石器加工技术与年代——兼论华北地区细石器的起源》，《南方文物》2016 年第 4 期。 Zhang, J. F. , Wang, X. Q. , Qiu, W. L. , et. al, The Paleolithic Site of Longwangchan in the Middle Yellow River, China: Chronology, Paleoenvironment and Implications, *Journal of Archaeological Science*, 2011, 38(7): 1537 – 1550.

青海湖周边的黑马河 1 号地点年代为距今 14000～12000 年①，黑马河 3 号地点的年代为距今 7630 年②，江西沟 2 号地点的年代为距今 9100～5950 年③，江西沟 1 号地点的年代为距今 14830～12000 年④，江西沟 93-13 地点的年代为距今 15058～13975 年⑤，晏台东遗址的年代为距今 10360 年⑥，151 遗址的年代为距今 15400～13100 年⑦，西大滩遗址的年代数据分别为距今 6276 年、8126 年、12614 年⑧，野牛沟遗址的年代为距今 7400～7700 年⑨，果洛州下大武遗址的年代为距今 6700 年左右⑩，拉乙亥遗址的年代为距今 7000 年左右⑪。昌都卡若遗址第一期的年代在距今 5500 年⑫，拉萨曲贡遗址的细石叶技术约在距今 4000 年⑬，加日塘遗址的细石叶遗存年代为距今 3400 年⑭。由此可见，目前的考古记录指示了青藏高原的细石叶大致出现在距今 15000～3000 年之间。

关于青藏高原细石器工艺传统的起源，以往的研究多认为是来自我国北方地区。李永宪在分析了西藏境内的细石叶资料后，提出了西藏细石叶技术本地起源论的假说，认为在青藏高原存在细石叶技术起源的本地条件。但上述"华北起源论"以及"本地起源论"在当时都没有足够的材料支撑。而一些学者提出的依靠细石叶石核类型的"谱系学方法"，对于建立细石叶技术的起源与扩散实际上并无多大帮助，解决青藏高原细石叶工艺的起源及人群扩散问题需要在精准的年代框架下进行技术对比研究来支撑。

细石叶人群在高原上的生活方式及其环境适应性也是国内外学者研究的重点。如大多数学者将青藏高原东北缘调查中发现的火塘、石器、动物骨骼等遗迹和遗物作为狩猎采集者不同性质活

---

① Madsen, D. B. , Ma, H. Z. , Brantingham, J. P. , et al. , The Late Upper Paleolithic Occupation of the Northern Tibetan Plateau Margin, *Journal of Archaeological Science*, 2006, 33: 1433 – 1444.

② Brantingham, P. J. , Gao, X. , Olsen, J. W. , et al. , A Shortchronology for the Peopling of the Tibetan Plateau, *Developments in Quaternary Sciences*, 2007, 9: 129 – 150.

③ Rhode, D. , Zhang, H. Y. , Madsen, D. B. , et al. , Epipaleolithic/Early Neolithic Settlements at Qinghai Lake, Western China, *Journal of Archaeological Science*, 2007, 34: 600 – 612.

④ Madsen, D. B. , Ma, H. Z. , Brantingham J. P. , et al. , The Late Upper Paleolithic Occupation of the Northern Tibetan Plateau Margin, *Journal of Archaeological Science*, 2006, 33: 1433 – 1444; Brantingham, P. J. , Gao, X. , Olsen J. W. , et al. , A Short Chronology for the Peopling of the Tibetan Plateau, *Developments in Quaternary Sciences* , 2007, 9: 129 – 150; Sun, Y. J. , Lai, Z. P. , Madsen, D. B. , et al. , Luminescence Dating of a Hearth from the Archaeological Site of Jiangxigou in Qinghai Lake Area of the Northeastern Qinghai – Tibetan Plateau, *Quaternary Geochronology*, 2012, 12: 107 – 110.

⑤ Madsen, D. B. , Ma, H. Z. , Brantingham, J. P. , et al. , The Late Upper Paleolithic Occupation of the Northern Tibetan Plateau Margin, *Journal of Archaeological Science*, 2006, 33: 1433 – 1444.

⑥ 仪明洁、高星、张晓凌等：《青藏高原边缘地区史前遗址 2009 年调查试掘报告》，《人类学学报》2011 年第 2 期。

⑦ Wang, J. , Xia, H. , Yao, J. T. , et al. , Subsistence Strategies of Prehistory Hunter – Gatherers on the Tibetan Plateau during the Last Deglaciation, *Science China(Earth Sciences)* , 2020, 63(3) : 395 – 404.

⑧ Van Der Woerd, J. , Tapponnier, P. , Ryerson, F. J. , et al. , Uniform Postglacial Slip – Rate along the Central 600 km of the Kunlun Fault(Tibet) , from ^{26}Al, ^{10}Be, and ^{14}C Dating of Riser Offsets, and Climatic Origin of the Regional Morphology, *Geophysical Journal International*, 2002(148) : 356 – 388.

⑨ 汤惠生：《青海昆仑山山口发现的细石器考古新材料》，《科学通报》2013 年第 3 期。

⑩ Van Der Woerd, J. , Tapponnier, P. , Ryerson, F. J. , et al. , Uniform Postglacial Slip – Rate along the Central 600 km of the Kunlun Fault(Tibet) , from ^{26}Al, ^{10}Be, and ^{14}C dating of Riser Offsets, and Climatic Origin of the Regional Morphology, *Geophysical Journal International*, 2002(148) : 356 – 388.

⑪ 盖培、王国道：《黄河上游拉乙亥中石器时代遗址发掘报告》，《人类学学报》1983 年第 1 期。

⑫ 西藏自治区文物管理委员会、四川大学历史系：《昌都卡若》，文物出版社，1985 年。

⑬ 中国社会科学院考古研究所、西藏自治区文物局：《拉萨曲贡》，中国大百科全书出版社，1999 年。

⑭ 西藏自治区文物局、四川大学考古系、陕西省考古研究所：《青藏铁路西藏段田野考古报告》，科学出版社，2005 年。

动的证据，探讨了该地区狩猎采集者居址系统、区域间人群互动关系等问题，并认为他们的土地利用模式呈现出多样性和复杂性。如黑马河 1 号、江西沟 1 号、江西沟 93 - 13 等地点的火塘、动物骨骼、石器较少，即推测其功能或为临时狩猎营地（ephemeral hunting camp）[1]；151 遗址中大量的动物骨骼可能指向该遗址是加工动物肉类的场所[2]；黑马河 3 号地点可能是一处小规模宿营地[3]，人们或许只会在此短暂停留；拉乙亥遗址可能具有大本营性质[4]；江西沟 2 号地点遗存丰富[5]，包括细石叶、动物骨骼和陶片，遗址上层可能与全新世中期黄河上游一带的新石器时代早期农耕聚落有关。与此同时，对这些遗址位置的旅行成本模型、黑曜石石料溯源和民族考古学类比研究表明，这里可能存在低地与高原长距离、季节性的移动[6]。这些遗址可能是全新世早期在青藏高原边缘发展起来的旧石器时代觅食系统中的数个站点，也是当时人类拓殖高海拔地区的基础，狩猎采集者会季节性利用高低地的移动模式。

以上学者们的研究为我们绘制了细石叶人群在青藏高原东部活动的初步场景，但遗憾的是这些工作大多为试掘和剖面采样，遗址发现的石制品数量有限。根据有限的考古资料，学界研究的重点在于探讨古人类到达不同区域的时间，石制品介绍重在描述，缺少技术分析，细石叶技术对于古人类适应高原的重要意义尚未被发掘。同时，也有部分学者对遗址性质和不同区域间人群的互动关系有所探讨，基于有限数据所作的模型预测具有开创意义但仍有待验证，系统的考古发掘的缺乏阻碍了我们对高原适应方式细节的了解。

第三节　工作概况

2012 年以来，青海省文物考古研究所、四川大学考古文博学院、四川大学中国藏学研究所、成都文物考古研究院、玉树州文物局等单位组成联合考古队，在青海省玉树州开展了连续多年的考古调查与发掘工作。经国家文物局批准，联合考古队组织实施了"三江源地区青海玉树藏族自治州古墓群考古与文物保护项目"，调查范围涉及通天河流域玉树州各县的大部范围。

玉树藏族自治州位于青南高原三江源区，东西最长 738 千米，南北最宽 406 千米，总面积约 26.7 万平方千米，占青海省总面积的 37.2%。玉树全区河网密布，水源充裕，是长江、黄河、澜沧江的发源地，平均海拔 4200 米以上，地形以高山峡谷和山原地带为主，其间有诸多小盆地和湖盆，属于典型的高原高寒气候，年降水量 520 毫米左右，年平均气温为 0℃。玉树地区是高原东北部深入高原腹心地带的过渡区域，是东部季风区、西北干旱区与青藏高原高寒区的交接地带，地

---

① Madsen, D. B. , Ma, H. Z. , Brantingham, J. P. , et al. , The Late Upper Paleolithic Occupation of the Northern Tibetan Plateau Margin, *Journal of Archaeological Science*, 2006, 33: 1433 - 1444.

② Wang, J. , Xia, H. , Yao, J. T. , et al. , Subsistence Strategies of Prehistoric Hunter-gatherers on the Tibetan Plateau during the Last Deglaciation, *Science China(Earth Sciences)*, 2020, 63(3): 395 - 404.

③ Rhode, D. , Zhang, H. Y. , Madsen, D. B. , et al. , Epipaleolithic/Early Neolithic Settlements at Qinghai Lake, Western China, *Journal of Arohaeological Science*, 2007, 34: 600 - 612.

④ 盖培、王国道：《黄河上游拉乙亥中石器时代遗址发掘报告》，《人类学学报》1983 年第 1 期。

⑤ Rhode, D. , Zhang, H. Y. , Madsen, D. B. , et al. , Epipaleolithic/Early Neolithic Settlements at Qinghai Lake, Western China, *Journal of Arohaeological Science*, 2007, 34: 600 - 612.

⑥ Perreault, C. , Boulanger, M. T. , Hudson, A. H. , et al. , Characterization of Obsidian from the Tibetan Plateau by XRF and NAA, *Journal of Archaeological Science: Reports*, 2016, 5: 392 - 399.

理位置十分重要，其北与海西蒙古族藏族自治州为邻，东与果洛藏族自治州相通，东南与四川省甘孜藏族自治州毗连，南及西南同西藏自治区的昌都和那曲地区交界，西北角与新疆维吾尔自治区的巴音郭楞蒙古自治州接壤。

2012～2013 年联合考古队的工作主要集中在玉树州治多县境内，发现了大量古代遗存，包括墓葬、岩画、石器点等，墓葬主要分布在聂恰曲与登额曲沿岸，岩画与石器点主要分布在登额曲沿岸。聂恰曲和登额曲为通天河南岸的主要支流。聂恰曲又名宁恰曲，发源于治多、杂多两县交界处，流经治多县城，全长约 175 千米，流域面积 2738 平方千米，年径流量约 8.5 亿立方米。登额曲位于治多县东南部，发源于玉树、杂多两市县交界处，其上游河段自东南向西北流经开阔的高原草甸区，下游河段与当江科河汇流后汇入通天河，全长约 103 千米，流域面积 2256 平方千米，年径流量约 4.5 亿立方米。登额曲沿岸是目前玉树境内文化遗存分布最为密集的区域。

普卡贡玛石棺墓群发现于 2012 年的调查中。墓葬群位于治多县城东约 7 千米处聂恰曲北岸的一级台地上，海拔 4177 米。2013 年，联合考古队共发掘了 9 座石棺墓，墓内可见青铜器、陶器、石器、骨器等；根据随葬品特征，发掘者认为墓葬年代或为春秋战国时期至汉代；石棺形制与随葬品特征则显示了普卡贡玛石棺葬或与川西北、藏东地区的同类文化具有诸多共同特征[1]。

登额曲沿岸共发现 7 处岩画点。2012 年调查中，联合考古队对登额曲沿岸的岩画进行了系统的调查与研究，它们均分布在河流阶地后缘的山体基岩上，海拔在 4025～4115 米之间。研究者对岩画内容、刻画技法等方面的内容进行了详细的研究。岩画内容多与动物图像和生活场景等写实题材相关，动物图像以牦牛、鹿、马为主，生活场景多表现狩猎、征战、舞蹈、自然崇拜等内容，另外还包括塔、雍仲符号、帐篷等图像。根据图像内容及特征，研究者将这些岩画分为早、晚两期，其年代分别为新石器时代之后至吐蕃王朝建立之前，以及吐蕃王朝时期及以后[2]。

除登额曲沿岸外，在玉树州其他区域也发现有多处岩画地点。2014 年，联合考古队的工作以岩画调查为主，调查区域涉及玉树市、曲麻莱县、称多县等，共发现了 12 处岩画地点。岩画内容以动物题材为主，主要为鹿和牦牛，还可见马、虎、狗、鹰等动物形象，画面多反映兽奔和狩猎场景。根据凿刻方式、画面特征等，研究者将 2014 年在玉树州发现的岩画的年代确定在公元前 1000～前 500 年之间[3]。

14 处石器地点是登额曲沿岸又一重要发现[4]，均分布于登额曲两岸的河流阶地上（图 1-1）。由于该区域环境特殊，每年工作时间有限，石器点的调查与发掘工作共持续开展了 3 个年度。2012 年对所有石器点进行了地表调查、流域内地形测绘等工作，并对所有石器点进行评估。2013 年重点发掘了参雄尕朔遗址，获取测年数据及大量石制品。2015 年在初步整理发掘材料的基础上

① 青海省文物考古研究所、四川大学考古学系、成都文物考古研究所：《青海省治多县普卡贡玛石棺墓发掘简报》，《藏学学刊》第 16 辑，中国藏学出版社，2017 年。

② 青海省文物考古研究所、四川大学考古学系、成都文物考古研究所：《2012 年青海省玉树州治多县登额曲岩画群调查简报》，《藏学学刊》第 16 辑，中国藏学出版社，2017 年。

③ 青海省文物考古研究所、四川大学考古学系、成都文物考古研究所：《2014 年青海玉树地区岩画调查简报》，《南方民族考古》（第十二辑），科学出版社，2016 年。

④ 韩芳、蔡林海、杜玮等：《青南高原登额曲流域的细石叶工艺》，《人类学学报》2018 年第 1 期。

对遗址进行了复查并做补充采样，并由青海师范大学侯光良对遗址古环境进行了具体分析。

调查过程中，考古队员以间隔 5 米或 10 米的距离依次排开，在河流两岸的阶地上进行地表调查，发现遗存时在现场做好记录，评估进一步工作的必要性。调查区内，部分河流阶地发育良好，面积广大；由于取土或水土流失，地表植被被破坏，石制品暴露在地表，考古队对这些区域以打格分方、分区采样的方式收集地表遗物，详细记录地表石制品的坐标信息与相对位置。也有部分

图 1-1　登额曲流域石器点分布示意图

1. 尕达石器点　2. 参雄尕朔石器点　3. 西琼达石器点　4. 香热西科石器点　5. 章齐达石器点　6. 结吉多石器点　7. 尕琼石器点　8. 角考石器点　9. 普卡巴玛石器点　10. 拉得果姆石器点　11. 古沃达石器点　12. 撒通达石器点　13. 白文卡石器点　14. 加秀给石器点

区域河流阶地发育不完善，石制品很少，考古队将石制品收集之后对该区域测点，获取 GPS 坐标点。

此次调查的石器点集中分布于登额曲下游约 30 千米的河流两岸，河流左岸（北岸）石器点分布相对密集，由北向南依次为尕达、参雄尕朔、香热西科、章齐达、尕琼、角考、普卡巴玛、撒通达、白文卡和加秀给石器点；河流右岸（南岸）发现的石器点相对较少，由北向南依次为西琼达、结吉多、拉得果姆和古沃达石器点（参见图 1 - 1）。调查过程中在地表采集石制品 4200 余件，包括大量废片类产品，还有少量细石核与细石叶产品。

本报告是对登额曲沿岸所发现石器点的报道与综合研究。第一章介绍青藏高原史前考古的研究现状，以及此次工作的缘起和工作概况。第二章介绍本报告所涉及的石制品分类及测量标准，各石器点的概况、石制品类型与组合、石制品描述与基本测量数据。第三章介绍参雄尕朔遗址的发掘概况、地层堆积与年代、遗存状况、石制品类型与组合。第四章是对登额曲流域石器技术的综合研究，涉及古人类石料的获取、石器制作技术与细石叶工艺对比研究，以及工具的加工与制作。第五章结合相关理论探讨古人类的石器技术组织与流动性策略，探讨登额曲流域狩猎采集者与低海拔区域人群的互动关系。第六章为结语。

第二章　地表采集石器点

第一节　石制品分类与观测说明

一、石制品分类

石制品分类源于古生物学中对动物化石的研究，以石制品形态特征为依据，由此探讨石制品的制作技术和功能，注重对石制品的描述和基本尺寸数据的获取。动态类型学和"操作链"概念流行起来之后，根据石制品形状分类的标准受到挑战，但仍然是主要的分类依据。

登额曲流域的石制品类型明确，从石器技术来看主要包括石核－石片技术体系产品和细石叶技术体系产品。本报告对石核－石片技术体系产品的分类参照 Toth[①]、Sullivan 和 Rozen[②]、卫奇[③]的分类方式，细石核类型则结合细石核形态和细石核所处的打片阶段进行划分。

1. 石核（cores）

石核类产品包括石片石核（flake core）和细石核（microblade core）。

石片石核是生产石片的母体，其目的在于生产可用的石片，与修理刃缘有区别，也就是说定义石核在于识别剥片行为。登额曲流域的石片石核类产品均为锤击法产生，包括石片石核和石核断块。石片石核根据台面数量可分为单台面石核、双台面石核和多台面石核。石核断块打制痕迹明显但不完整，或缺失台面，或剥片面不完整。

细石核分类结合石核形态和动态类型学的分类方法，以细石核的技术要素划分细石核所处的生产阶段，之后再区分细石核的形态。登额曲流域的细石核大多为楔形细石核，可见从预制到废弃各阶段的产品。

细石核毛坯，是指细石核剥取细石叶的前一阶段。其中一部分细石核已经形成刃状楔状缘，可以确定为楔形细石核毛坯；另一部分楔状缘形态尚未形成。这一阶段细石核处于预制阶段。剥片阶段的楔形细石核是指已经剥取细石叶，楔状缘的刃状形态未发生改变。耗竭阶段的细石核是核体过小，或因台面修整、作业面修整、楔状缘修整中折断的楔形细石核，但刃状楔状缘可见。

---

① Toth, N. , The Stone Technologies of Early Hominids at Koobi Fora, Kenya: An Experimental Approach, For the degree of doctor of philosophy in the University of California, Berkeley, 1982; Toth, N. , The Oldowan Reassessed: A Close Look at Early Stone Artifacts, *Journal of Archaeological Science*, 1985, 12(2): 101 – 120.

② Sullivan, A. P. , Rozen, K. C. , Debitage Analysis and Archaeological Interpretation, *America Antiquity*, 1985, 50(4): 755 – 779.

③ 卫奇:《石制品观察格式探讨》, 见邓涛、王原主编《第八届中国古脊椎动物学学术年会论文集》, 海洋出版社, 2001 年。

细石核断块是核体可见明显的剥取细石叶的痕迹，但细石核折断而不能判定其原来形态。

2. 废片类（debitage）

废片类产品是指除了石核和工具之外的所有石制品，包括石片、断块、碎屑、细石叶、细石核更新石片等。石片是从石核上剥取的片体，石片腹面存在明确的石片特征，如打击点、打击泡、半锥体、同心波等，但它们不必全部存在。根据废片分析理论，如图 2-1 所示，按照破裂面是否可辨将断块区分出来，打击点缺失的废片划分为残片。打击点存在的废片按照其周缘完整程度划分为完整石片和破碎石片。

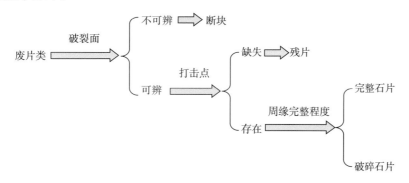

图 2-1　废片类石制品分类示意图

完整石片的进一步划分依据 Toth 和卫奇的划分标准，根据台面和背面特征可分为 6 种类型：

Ⅰ 型，自然台面，自然背面石片；

Ⅱ 型，自然台面，部分人工背面和部分自然背面石片；

Ⅲ 型，自然台面，人工背面石片；

Ⅳ 型，人工台面，自然背面石片；

Ⅴ 型，人工台面，部分自然背面和部分人工背面石片；

Ⅵ 型，人工台面，人工背面石片。

登额曲流域发现的人工台面石片均为素台面，无修理痕迹。人工背面的石片均为片疤背面。

破碎石片主要根据石片周缘的完整程度进行进一步划分，石片右侧边折断为破碎石片左裂片（Ⅰ型），石片左侧边折断为破碎石片右裂片（Ⅱ型），石片远端折断则为破碎石片近端（Ⅲ型），石片周缘均折断则为破碎石片均裂片（Ⅳ型）。

残片为打击点缺失、破裂面可辨的石片，但大部分台面或石片近端全部缺失，即以往所划分的石片远端。

长石片的长度是宽度的 2 倍以上，与石叶类似，但由于目前的工作中缺少石叶石核的发现，故暂将其称为长石片。登额曲流域发现的长石片可分为两类，一类呈鸡冠状，背面可见预制石核形成的棱脊和片疤；另一类长石片背面可见石皮，或可为石核剥片早期阶段的产品。

细石叶是从细石核上剥取下来的石片，根据完整程度区分为完整细石叶和不完整细石叶。

细石核更新石片包括台面更新石片和作业面更新石片，是细石核更新产生的特殊石片，台面更新石片的台面和作业面更新石片的背面均可见明确的剥取细石叶的阴痕。

断块是石制品打制过程中随机产生的，断块表面无人工痕迹，多呈不规则形。

碎屑的产生与断块类似，尺寸小于 20 毫米，其中部分碎屑可以看到明确的石片特征，如打击点、台面、半锥体等，可能与石制品的加工修理相关。

本报告对所有废片类产品均进行石料、尺寸、石皮含量的统计分析，并对登额曲流域内所有石器点的完整石片、破碎石片、长石片进行台面形态与特征、背疤模式等的研究。残片保留信息有限，因此残片仅统计石皮含量。通过以上废片类石制品台面、背面、石皮含量等信息的获取，以期更好地探索石片石核的剥片模式。

3. 工具（tools）

本文对工具类型识别以明显的修理痕迹和使用为主。登额曲流域发现的工具类产品较少，以刮削器为主，主要类型为端刮器和边刮器。

二、石制品观测说明

石制品测量指标的选择是根据具体的学术问题而设定的，本报告采用常用的石制品观测方式，获取石制品的基本信息如长、宽、厚和重量等。石料岩性通过手标本观察和岩石沉积相分析来确定，沉积相切片分析由国土资源部成都矿产资源监督检测中心提供检测结果。对工具的观察除基本尺寸数据外，还关注工具毛坯、加工部位、加工方向。由于数量较少，未获取工具的加工指数数据。

1. 细石核观测说明

作业面：剥取细石叶的剥片面；

后缘：与作业面相对的细石核边缘；

底缘：细石核底端；

左侧面：以作业面面对观察者，作业面左侧为左侧面；

右侧面：以作业面面对观察者，作业面右侧为右侧面；

长（高）：台面到底缘的最大距离；

宽：作业面到后缘的最大距离；

厚：左侧面到右侧面的最大距离；

台面长：台面处作业面到后缘的最大距离；

台面宽：台面处两侧面之间的最大距离。

石核台面、后缘、底缘、作业面、侧面是细石核观察的基本要素。台面和后缘的形成反映细石核的制作技术；台面更新、底缘调整、作业面更新反映细石核所处的剥片阶段，并在一定程度上指示细石核的利用率；石核侧面反映细石核的初始形态，即细石核毛坯。

2. 石核观测说明

（1）单台面石核

长：台面到石核底缘的最大距离；

宽：垂直于石核长的最大距离；

厚：石核最厚处。

（2）双/多台面石核

以最后一组片疤为准，测量石核的长、宽、厚。

3. 石片观测说明

长：以打击点为准，台面到石片远端的最大距离；

宽：垂直于长的最大距离；

厚：石片腹面到背面的最大距离。

第二节　参雄尕朔遗址

参雄尕朔遗址处于登额曲入河口左岸的二级台地上，行政区划属于青海省玉树藏族自治州治多县立新乡叶青村，距治多县城约 60 千米。遗址中心地理坐标 33°48′16″N，96°02′35″E，海拔 4016 米。遗址距通天河约 50 米，距登额曲约 200 米，西面邻山，距离约 300 米。

2012 年，考古队在地表石制品密集分布的区域布 1 米×1 米的探方 248 个，对石制品进行系统采集并记录坐标（图 2-2），但该区域地表之下基本未见石制品。

共采集石制品 2154 件（表 1），包括废片类石制品 2067 件、石核类 69 件、工具类 11 件、砾石石块 3 件，另有可拼合石制品共 4 件，其中一件为石片石核（图 2-3，1），一件为石片（图 2-3，2）。

以下按类型介绍石制品。

一、废片类

1. 长石片

共 68 件，占地表采集石制品的 3.16%，占地表采集废片类的 3.29%。根据测量，长石片长 13.4~112.8 毫米，平均值 48.532 毫米；宽 9.8~46.3 毫米，平均值 21.764 毫米；厚 3.5~22.2 毫米，平均值 10.432 毫米；重 1.02~119.09 克，平均值 15.639 克。（见附表一；图 2-4、2-5）

包括鸡冠状长石片 14 件（图 2-4，1~3）和剥片初期的长石片共 54 件（图 2-5，1、3）。该地点地表采集长石片大多为素台面，共 59 件，占该地点长石片的 86.76%，其余为自然台面。部分长石片背面包含石皮，共 39 件，占该地点长石片的 57.35%，其余长石片背面为片疤。

2013CX：0367，长 56.3、宽 18.7、厚 14.2 毫米，重 12.27 克。鸡冠状，两侧边汇聚。素台面，腹面为一特征明显的石片疤，远端弯曲，背面一条预制石核形成的棱脊，背疤多向。（图 2-4，1）

2013CX：0368，长 62、宽 25.5、厚 16 毫米，重 36.62 克。鸡冠状，两侧边汇聚。三角形素台面，腹面为特征明显的石片疤，背面有少量石皮，背疤多向。（图 2-4，2）

2012CXAT175：1，长 58.5、宽 23.3、厚 12.3 毫米，重 16.07 克。鸡冠状，两侧边汇聚。素台面，腹面为特征明显的石片疤，周缘均有折断。背面有少量石皮，背疤多向。（图 2-4，3）

2012CXAT173：5，长 61.2、宽 25.8、厚 10.7 毫米，重 20.09 克。为长石片远端。长条形，两侧边基本平行，远端羽状。腹面石片疤特征明显，背面为两个与腹面相同的片疤和少量石皮。（图 2-4，7）

2012CXAT188：7，长 69.5、宽 32、厚 12.3 毫米，重 28.9 克。长条形，远端羽状。三角形素台面，腹面为一特征明显的石片疤，右侧边折断。背面全为石皮。（图 2-4，12）

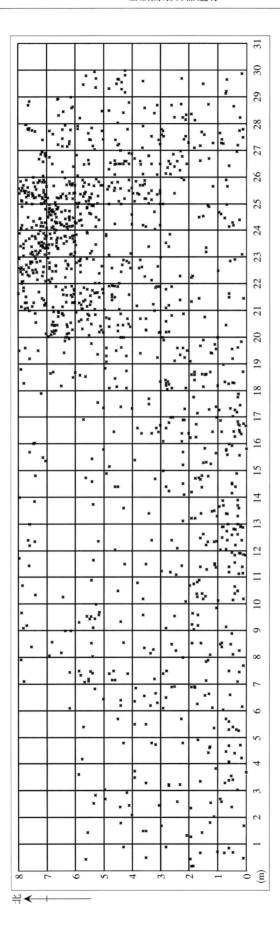

图 2-2　参雄尕朔遗址地表采集石制品分布图

表 1　参雄尕朔遗址地表采集石制品分类统计表

石制品类型			2012 年	2013 年	2015 年	总计
废片类 （2067）	断块		68	18	6	92
	碎屑		384	208	9	601
	残片		263	103	10	376
	长石片		49	19	0	68
	破碎石片 （552）	Ⅰ型	39	20	1	60
		Ⅱ型	3	17	4	24
		Ⅲ型	44	15	1	60
		Ⅳ型	334	65	9	408
	细石叶 （281）	近端	51	29	13	93
		中断	75	81	18	174
		远端	11	3	0	14
	完整石片 （95）	Ⅰ型	7	0	0	7
		Ⅱ型	6	4	0	10
		Ⅲ型	0	2	0	2
		Ⅳ型	7	2	0	9
		Ⅴ型	25	10	4	39
		Ⅵ型	19	8	1	28
	作业面更新石片		0	0	1	1
	台面更新石片		0	0	1	1
石核类 （69）	石片石核		28	4	2	34
	楔形细石核 （34）	预制阶段	14	1	0	15
		剥片阶段	8	0	2	10
		耗竭阶段	3	0	1	4
		断块	5	0	0	5
	锥形细石核		1	0	0	1
砾石石块（3）			2	1	0	3
拼合组（4）			4	0	0	4
工具类（11）			8	2	1	11
合计			1458	612	84	2154

图 2 - 3　参雄尕朔石器点地表采集可拼合石制品
1. 石片石核（2012CXAT22∶1 + 2012CXAT84∶1）　2. 石片（2012CXAT140∶1 + 2012CXAT171∶2）

　　2013CX∶0370，长 85.8、宽 35.4、厚 14.3 毫米，重 44.62 克。长条形，两侧边汇聚。有疤台面，腹面为一特征明显的石片疤，右侧边可见明显的使用痕迹，背面全部为石皮。（图 2 - 5，3）

　　2. 破碎石片

　　共 552 件，占地表采集石制品的 25.63%，占地表采集废片类的 26.71%。包括 I 型 60 件、II 型 24 件、III 型 60 件、IV 型 408 件。（图 2 - 6 至图 2 - 10）

　　根据测量，破碎石片长 10.22 ~ 103.3 毫米，平均值 29.895 毫米；宽 10.3 ~ 78.5 毫米，平均值 28.884 毫米；厚 1.22 ~ 38.1 毫米，平均值 8.820 毫米；重 0.51 ~ 290.45 克，平均值 12.649 克。（见附表一）

图 2-4 参雄尕朔遗址地表采集长石片
1. 2013CX：0367   2. 2013CX：0368   3. 2012CXAT175：1   4. 2012CXAT75：4   5. 2012CXAT191：32
6. 2012CXAT80：5   7. 2012CXAT173：5   8. 2012CXAT141：1   9. 2012CXAT44：3   10. 2012CXT192：6
11. 2012CXAT193：10   12. 2012CXAT188：7

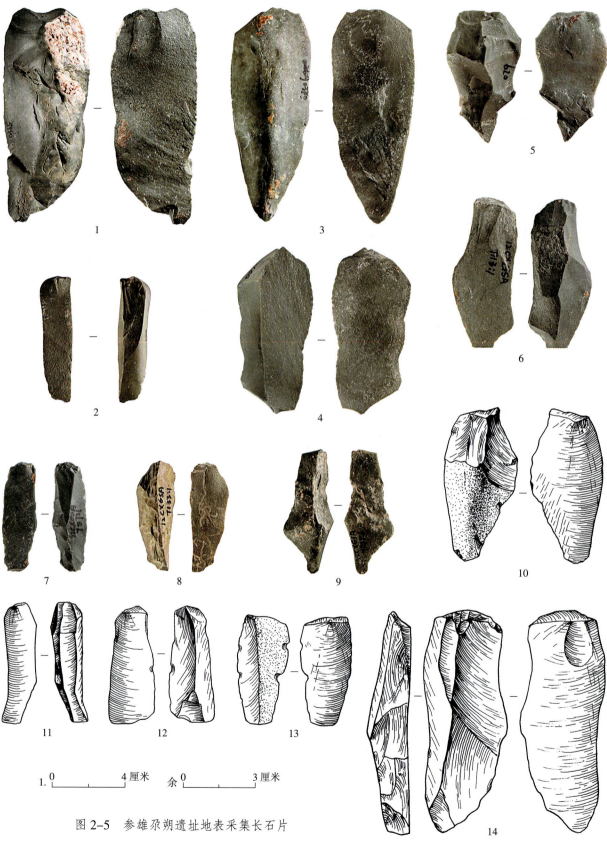

图 2-5　参雄尕朔遗址地表采集长石片

1. 2013CX：0365　　2. 2013CX：0881　　3. 2013CX：0370　　4. 2013CX：0372　　5. 2013CX：079　　6. 2012CXAT113：1
7. 2012CXAT87：1　　8. 2012CXAT133：1　　9. 2012CXAT142：6　　10. 2012CXT61：1　　11. 2012CXT175：6　　12. 2012CXT192：2
13. 2012CXT26：2　　14. 2012CX：0643

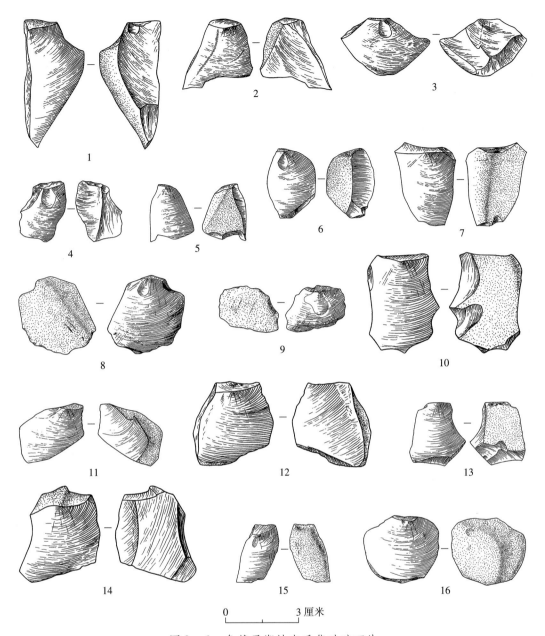

图 2-6　参雄尕朔地表采集破碎石片

Ⅰ型：1. 2012CXT212：16　2. 2013CX：024　3. 2012CXT33：1　4. 2013CX：036
Ⅱ型：5. 2013CX：027　6. 2013CX：048　7. 2013CX：0446　11. 2012CX：0678　15. 2012CXT4：2　16. 2012CXT208：2
Ⅳ型：8. 2012CXT77：6　9. 2012CXT176：11　10. 2012CXT160：3　12. 2012CXT49：3　13. 2012CXT126：4　14. 2012CXT193：14

　　该地点地表采集破碎石片以素台面为主，共 439 件，占该地点地表采集破碎石片的 79.53%；有 81 件破碎石片为自然台面，占 14.67%；其余 32 件破碎石片台面破坏较多，未纳入统计。破碎石片背面可见剥片疤的有 409 件，占 74.09%，背疤方向以多向居多；其余破碎石片背面可见自然石皮面。

　　（1）Ⅰ型　60 件。

　　2012CXAT102：1，长 53.5、宽 43.6、厚 16 毫米，重 23.04 克。素台面，腹面特征明显，打击点、打击泡、放射线清晰，锥疤、同心波缺失。右侧边折断，背面有少量石皮。（图 2-7，2）

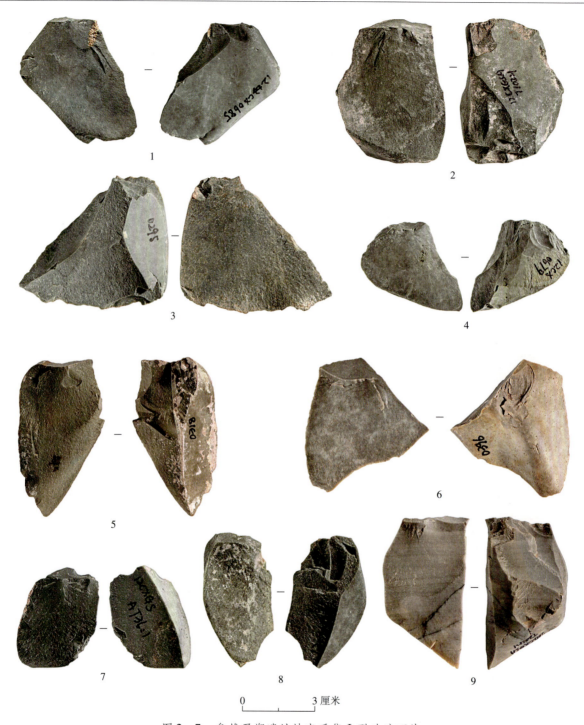

0　　　　3厘米

图2-7　参雄尕朔遗址地表采集Ⅰ型破碎石片

1. 2012CX：0685　2. 2012CXAT102：1　3. 2013CX：0295　4. 2012CX：0679　5. 2013CX：0318　6. 2013CX：0396
7. 2012CXAT36：1　8. 2013CX：0684　9. 2012CXAT204：1

　　2013CX：0295，长47.04、宽57.26、厚16.38毫米，重45.74克。素台面，腹面特征明显，
远端有小崩疤，右侧边折断，背面有少量石皮，疤向为多向。（图2-7，3）

　　2013CX：0318，长59.25、宽35、厚18.52毫米，重32.99克。自然台面，腹面特征明显，
打击点、打击泡、锥疤、放射线清晰。右侧边折断，背面有少量石皮，疤向单向。（图2-7，5）

2013CX：0396，长44、宽48.46、厚18.22毫米，重36.19克。素台面，腹面特征明显，放射线清晰。右侧边折断，背面大部分为石皮。（图2-7，6）

2012CXAT36：1，长39、宽30.8、厚12.4毫米，重7.93克。素台面，腹面特征明确，打击点、打击泡、放射线清晰，锥疤、同心波缺失。右侧边折断，背面有少量石皮，疤向单向。（图2-7，7）

2012CXAT204：1，长57.4、宽33.3、厚14.6毫米，重14.12克。素台面，腹面特征明确，打击点、打击泡明显，锥疤、同心波缺失。右侧边折断，背面有少量石皮，疤向单向。远端羽状。（图2-7，9）

（2）Ⅱ型　24件。

2013CX：0466，长65.4、宽38.8、厚16.3毫米，重36.28克。素台面，腹面特征明显，打击点、打击泡、放射线清晰，锥疤、同心波缺失。左侧边折断，背面有少量石皮，疤向单向。（图2-8，1）

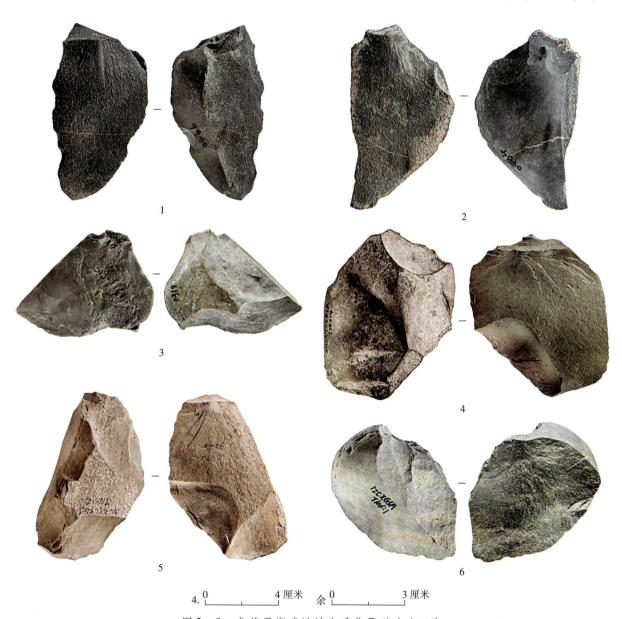

4. ┠0─────4厘米┨　余 0─────3厘米

图2-8　参雄尕朔遗址地表采集Ⅱ型破碎石片
1. 2013CX：0466　2. 2013CX：0484　3. 2013CX：0319　4. 2012CXAT186：4　5. 2012CXAT188：16　6. 2012CXAT106：1

2013CX：0484，长69.3、宽42.7、厚17.1毫米，重52.16克。素台面，腹面特征明显，打击点、打击泡、放射线清晰，锥疤、同心波缺失。左侧边折断，背面有大量石皮。（图2-8，2）

2013CX：0319，长53.4、宽76、厚18.4毫米，重62.78克。素台面，腹面特征明显，放射线清晰。左侧边折断，背面有少量石皮，疤向多向。（图2-8，3）

2012CXAT106：1，长48.5、宽52.5、厚23.8毫米，重61.48克。自然台面，腹面特征明显，打击点、打击泡、放射线清晰。左侧边折断，背面有少量石皮，疤向为单向。（图2-8，6）

（3）Ⅲ型 60件。

2012CXAT45：6，长41.3、宽25.5、厚17.4毫米，重11.07克。素台面，腹面特征明显，打击点、打击泡、放射线清晰，锥疤、同心波缺失。远端折断，背面全部为石皮。（图2-9，4）

2012CXAT146：5，长64.1、宽57.4、厚22.9毫米，重43.38克。素台面，腹面特征明显，打击点、打击泡、放射线、锥疤清晰。远端折断，背面有少量石皮，疤向多向。

2012CXAT74：1，长49.1、宽38.9、厚17.6毫米，重14.93克。素台面，腹面特征明显，打击点、打击泡、放射线清晰，锥疤、同心波缺失。远端折断，背面有少量石皮，疤向多向。（图2-9，6）

图2-9 参雄尕朔遗址地表采集Ⅲ型破碎石片
1. 2013CX：0439　2. 2013CX：0232　3. 2012CXAT215：8　4. 2012CXAT45：6　5. 2013CX：027
6. 2012CXAT74：1　7. 2012CXT186：27

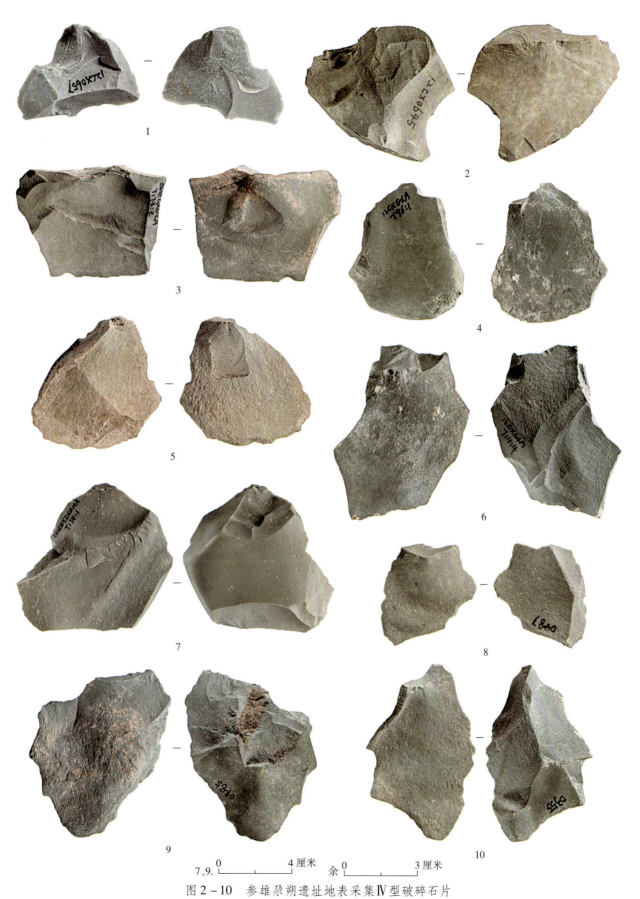

图 2-10　参雄丕朔遗址地表采集 Ⅳ 型破碎石片

1. 2012CX：0657　2. 2012CX：0645　3. 2012CXAT173：2　4. 2012CXAT96：1　5. 2012CXAT107：3　6. 2012CXAT111：4

7. 2012CXAT174：1　8. 2013CX：0487　9. 2013CX：0485　10. 2013CX：0355

2013CX：0376，长 50.1、宽 42.04、厚 18.42 毫米，重 46.91 克。素台面，腹面特征明显，打击泡、放射线清晰。远端折断，背面有少量石皮，疤向多向。

（4）Ⅳ型　408 件。

2012CX：0645，长 35.36、宽 60.52、厚 18.96 毫米，重 45.6 克。自然台面，腹面特征明显，打击点、打击泡、放射线清晰。两侧边折断，背疤多向。（图 2 - 10，2）

2012CXAT173：2，长 42.64、宽 57.92、厚 14.47 毫米，重 54.48 克。片疤台面，腹面特征明显，打击点、打击泡、放射线、锥疤清晰。两侧边折断，远端有小崩疤，背疤多向。（图 2 - 10，3）

2012CXAT96：1，长 51.1、宽 46.6、厚 7.86 毫米，重 6 克。台面部分被破坏，腹面特征明显，打击泡、放射线清晰。两侧边均折断，背面有大量石皮，背疤多向。（图 2 - 10，4）

2012CXAT107：3，长 43.64、宽 52.9、厚 6.84 毫米，重 15.1 克。素台面，腹面特征明显，打击点、打击泡、放射线、锥疤清晰。左侧边和远端为少量小崩疤，背面有少量石皮，疤向多向。（图 2 - 10，5）

2012CXAT111：4，长 54、宽 49.44、厚 15.68 毫米，重 30 克。片疤台面，腹面特征明显，打击点、打击泡、放射线清晰。周缘均折断，背面为少量石皮，背疤多向。（图 2 - 10，6）

2013CX：0485，长 83.4、宽 69.3、厚 19.4 毫米，重 101.93 克。腹面特征明显，打击点、打击泡、放射线清晰。两侧边均折断，背面为少量石皮，疤向多向。（图 2 - 10，9）

2013CX：0355，长 62.4、宽 45、厚 14.5 毫米，重 34.38 克。片疤台面，腹面特征明显，打击点、打击泡、放射线清晰。两侧边均折断，背面为少量石皮，疤向多向。（图 2 - 10，10）

3. 完整石片

共 95 件，占地表采集石制品的 4.41%，占地表采集废片类的 4.6%。包括Ⅰ型 7 件、Ⅱ型 10 件、Ⅲ型 2 件、Ⅳ型 9 件、Ⅴ型 39 件、Ⅵ型 28 件。（图 2 - 11 至图 2 - 14）

根据测量，完整石片长 16 ~ 109.2 毫米，平均值 42.401 毫米；宽 11.58 ~ 78.2 毫米，平均值 37.733 毫米；厚 4 ~ 38.1 毫米，平均值 12.077 毫米；重 1.25 ~ 189.26 克，平均值 29.732 克。（见附表一）

根据观察和统计，完整石片以素台面居多，共 76 件（Ⅳ、Ⅴ、Ⅵ型），占 80%；其余均为自然石皮台面。背面以片疤背面为主，共 79 件（Ⅱ、Ⅲ、Ⅴ、Ⅵ型），占 83.16%。这表明多数完整石片处于次级剥片阶段。

（1）Ⅰ型　7 件。

2012CXAT215：15，长 40.5、宽 31.1、厚 12.5 毫米，重 20.38 克。自然台面，破裂面特征明显，背面全部为石皮。（图 2 - 13，2）

2012CXT115：3，长 56.9、宽 54.6、厚 20.1 毫米，重 46.52 克。自然台面，破裂面特征明显，背面全部为石皮。（图 2 - 11，4）

（2）Ⅱ型　10 件。

2012CXAT138：1，长 66、宽 69.4、厚 13.2 毫米，重 62.89 克。自然台面，破裂面特征明显，背面为两个方向不同的片疤和少量石皮。（图 2 - 14，1）

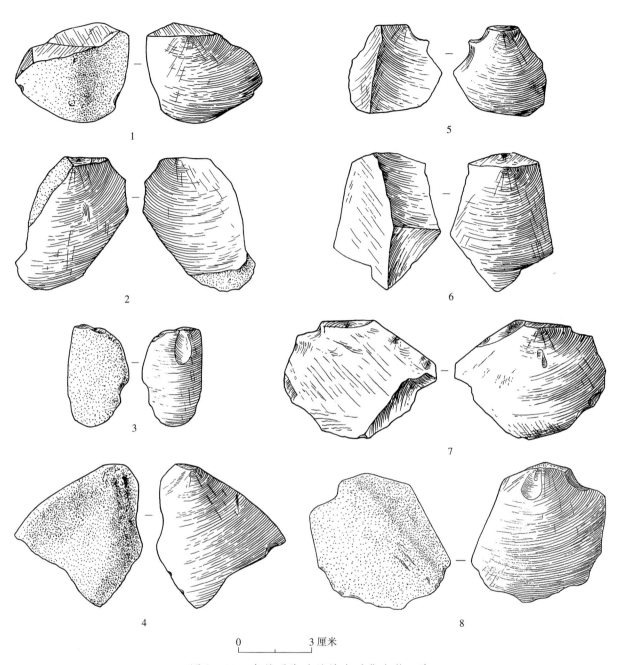

图 2-11　参雄尕朔遗址地表采集完整石片

Ⅰ型：4. 2012CXT115：3　　Ⅱ型：1. 2013CX：0380　2. 2013CX：0375

Ⅳ型：3. 2012CXT140：3　8. 2012CXT213：27　Ⅵ型：5. 2012CXT105：1　6. 2012CXT192：14　7. 2012CX：0658

2013CX：0379，长 46.5、宽 40、厚 12.1 毫米，重 26.86 克。自然台面，破裂面特征明显，周缘基本完整，右侧边有小崩疤。背面为一个与破裂面方向相同的片疤和少量石皮。（图 2-14，2）

（3）Ⅲ型　2 件。

2013CX：0313，长 63.8、宽 33、厚 18.2 毫米，重 44.31 克。自然台面，部分破坏。破裂面特征明显，周缘基本完整。背面为两个不同方向的片疤，可见少量石皮。（图 2-14，4）

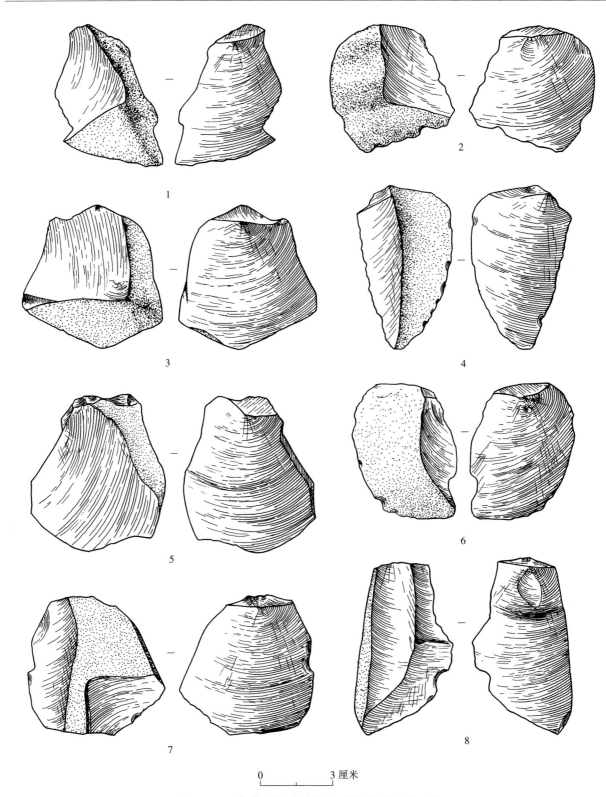

0 _____ 3厘米

图 2 - 12 参雄尕朔遗址地表采集Ⅲ型完整石片

1. 2013CX：0616　2. 2012CXT141：4　3. 2012CXT192：26　4. 2012CXT206：2　5. 2013CX：0378　6. 2013CX：0320
7. 2012CXT72：1　8. 2012CXT141：9

（4）Ⅳ型　9件。

2012CXAT101：2，长52、宽45、厚20.1毫米，重79.77克。素台面，破裂面特征明显，背

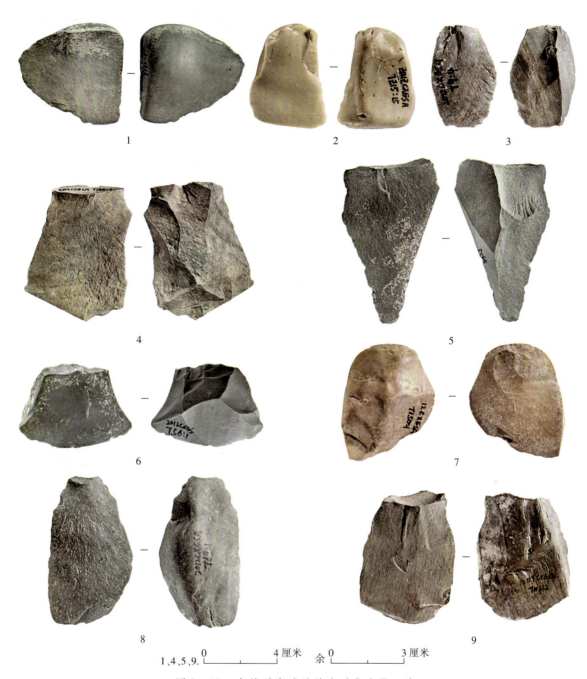

图 2-13　参雄尕朔遗址地表采集完整石片

Ⅰ型：1. 2012CXAT171：7　2. 2012CXAT215：15　7. 2012CXAT150：1　Ⅳ型：8. 2012CXAT69：1　9. 2012CXAT101：2
Ⅵ型：3. 2012CXAT9：4　4. 2012CXAT188：3　5. 2013CX：0321　6. 2012CXAT56：1

面全部为石皮。（图 2-13，9）

2012CXAT69：1，长 58.7、宽 34.1、厚 13.8 毫米，重 28.78 克。素台面，破裂面特征明显，背面全部为石皮。（图 2-13，8）

（5）Ⅴ型　39 件。

2012CXAT89：2，长 48.5、宽 58.5、厚 20.1 毫米，重 88.48 克。素台面，破裂面特征明显，背面为一个与破裂面方向不同的片疤和少量石皮。（图 2-14，5）

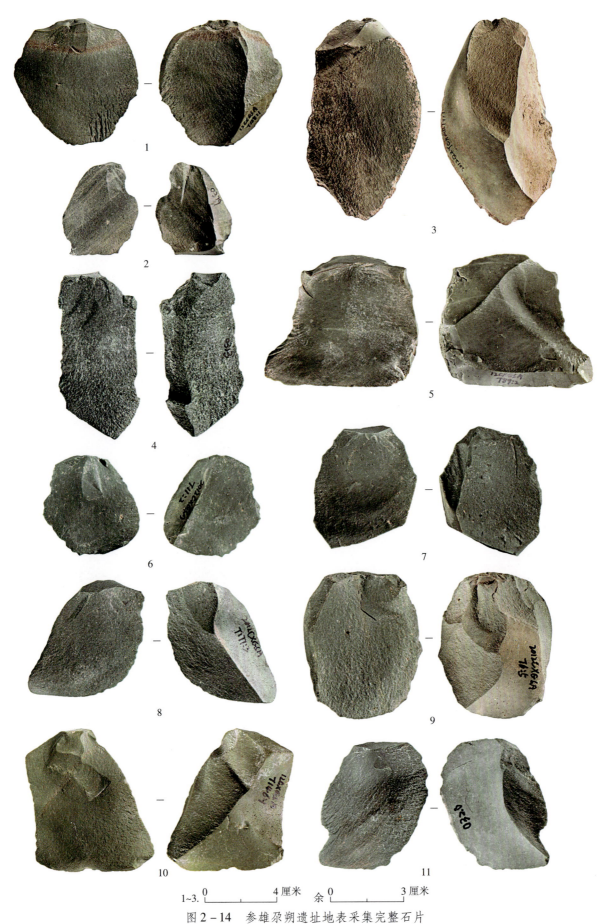

图 2-14　参雄尕朔遗址地表采集完整石片

Ⅱ型：1. 2012CXAT138：1　2. 2013CX：0379　Ⅲ型：3. 2012CXT7：1　4. 2013CX：0313　Ⅴ型：5. 2012CXAT89：2
6. 2012CXAT11：2　7. 2013CX：028　8. 2012CXAT177：3　9. 2012CXAT6：5　10. 2012CXAT146：1　11. 2013CX：0320

2012CXAT177：3，长 56.3、宽 37.8、厚 14.1 毫米，重 26.81 克。素台面，破裂面特征明显，背面为两个与破裂面方向相同的片疤和部分石皮。（图 2 - 14，8）

2012CXAT6：5，长 56.6、宽 45、厚 19.2 毫米，重 11.1 克。素台面，破裂面特征明显，背面为部分片疤和少量石皮。（图 2 - 14，9）

2012CXAT146：1，长 57.9、宽 48.6、厚 12 毫米，重 35.64 克。素台面，破裂面特征明显，背面为一个与破裂面方向相同的片疤和部分石皮。（图 2 - 14，10）

2013CX：0320，长 47.4、宽 42.1、厚 12.34 毫米，重 27.63 克。素台面，部分被破坏，破裂面特征明显，周缘完整。背面为一个与破裂面方向不同的片疤和部分石皮。（图 2 - 14，11）

（6）Ⅵ型　28 件。

2012CXAT9：4，长 41.2、宽 27.5、厚 8.9 毫米，重 9.98 克。素台面，破裂面特征明显，背面为方向不同的片疤。（图 2 - 13，4）

2012CXAT56：1，长 31.7、宽 46.6、厚 11.3 毫米，重 16.34 克。素台面，破裂面特征明显，背面为方向不同的片疤，远端有小崩疤。（图 2 - 13，6）

2015CX：048，长 38.54、宽 35.88、厚 10.74 毫米，重 13.99 克。素台面，部分被破坏，破裂面特征明显，周缘基本完整，右侧边有少量小崩疤。背面为不同方向的片疤。

4. 残片

共 376 件（图 2 - 15、2 - 16），部分残片背面保留少量石皮，共 72 件，占该地点地表采集残片的 19.15%。根据测量数据，残片长 10.8 ~ 123.4 毫米，平均值 29.994 毫米；宽 10 ~ 89 毫米，平均值 25.984 毫米；厚 1 ~ 37.6 毫米，平均值 9.068 毫米；重 0.4 ~ 307.07 克，平均值 11.438 克。（见附表一）

5. 细石叶

共 281 件，占地表采集石制品的 13.05%，占地表采集废片类的 13.59%。包括细石叶近端 93 件、细石叶中段 174 件、细石叶远端 14 件。（图 2 - 17）

（1）细石叶近端　93 件。

台面均可见，腹面可见明显的打击点和放射线、打击泡凸出等特征。根据测量，细石叶近端长 2.58 ~ 38.7 毫米，平均值 13.056 毫米；宽 2.44 ~ 11.5 毫米，平均值 6.896 毫米；厚 0.8 ~ 8 毫米，平均值 2.521 毫米；重 0.02 ~ 2.05 克，平均值 0.316 克。（见附表二）

2012CXT172：2，长 16、宽 7、厚 2.6 毫米，重 0.32 克。背面两条棱脊。两边平行，侧缘薄锐，无使用痕迹。（图 2 - 17，7）

2012CXT189：5，长 22.1、宽 7.4、厚 2.8 毫米，重 0.59 克。背面一 "Y" 形棱脊和一条细石叶阴痕，宽 5.24 毫米。两边平行，侧缘薄锐，可见使用痕迹。（图 2 - 17，3）

2012CXT192：2，长 14.6、宽 8.7、厚 3 毫米，重 0.39 克。背面两条棱脊。两边平行，侧缘薄锐，不见使用痕迹。（图 2 - 17，9）

2013CX：0533，长 14.4、宽 7、厚 2.2 毫米，重 0.34 克。背面一条细石叶阴痕，宽 3.84 毫米。两边平行，侧缘薄锐，无使用痕迹。

2013CX：0599，长 15.5、宽 7.8、厚 2 毫米，重 0.36 克。背面一 "Y" 形棱脊。两边平行，

图 2 - 15　参雄尕朔遗址地表采集残片

1. 2013CX：0425　2. 2013CX：0610　3. 2013CX：0329　4. 2013CX：0304　5. 2012CXAT67：3
6. 2012CXT195：6　7. 2012CXAT4：3　8. 2012CXT184：4

测缘薄锐，可见连续的小崩疤。

（2）细石叶中段　174 件。

两端均折断，两边平行，横截面多呈梯形，少量呈三角形或五边形。根据测量，细石叶中段长 4.72 ~ 27.8 毫米，平均值 11.065 毫米；宽 3 ~ 13 毫米，平均值 6.867 毫米；厚 0.16 ~ 7.3 毫米，平均值 2.295 毫米；重 0.02 ~ 20.1 克，平均值 0.469 克。（见附表二）

2012CXT192：19，长 11.2、宽 7.5、厚 2.3 毫米，重 0.23 克。背面一细石叶阴痕，宽 4.48 毫米。两边平行，侧缘薄锐，无使用痕迹。

2013CX：0521，长 13.5、宽 6.3、厚 2.36 毫米，重 0.33 克。背面一条细石叶阴痕，宽 2.18 毫米，三条棱脊。侧缘薄锐，无使用痕迹。

2012CX：026，长 10、宽 5.5、厚 1.48 毫米，重 0.13 克。背面一条细石叶阴痕，宽 2.86 毫

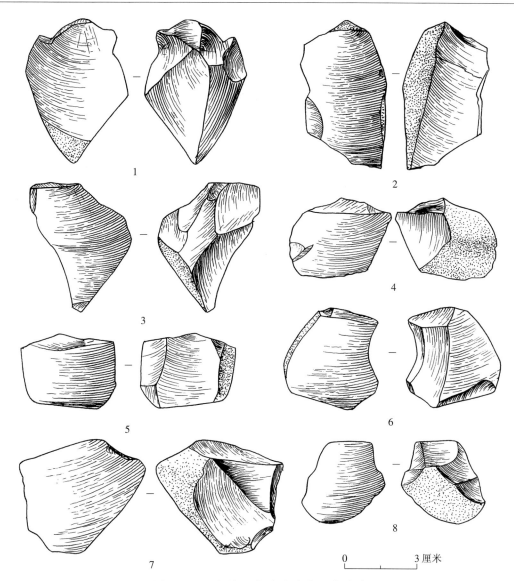

图 2 - 16　参雄尕朔遗址地表采集残片

1. 2012CXT188：1　2. 2012CXT182：1　3. 2012CXT125：1　4. 2012CXT123：1　5. 2013CX：0404
6. 2012CXT141：7　7. 2012CXT116：15　8. 2013CX：0287

米，两条棱脊。侧缘薄锐，无使用痕迹。（图 2 - 17，17）

2015CX：017，长 10.36、宽 5.08、厚 1.64 毫米，重 0.03 克。背面两条棱脊。侧缘薄锐，可见使用痕迹。（图 2 - 17，28）

（3）细石叶远端　14 件。

根据测量，细石叶远端长 7.6~26 毫米，平均值 15.302 毫米；宽 5.6~12.3 毫米，平均值 7.937 毫米；厚 1.5~5 毫米，平均值 3.017 毫米；重 0.09~1.05 克，平均值 0.421 克。（见附表二）

2012CXT191：30，长 8.4、宽 7.1、厚 1.5 毫米，重 0.09 克。两侧边内收，背面两条棱脊。（图 2 - 17，41）

2012CXT215：18，长 7.6、宽 6.7、厚 2.3 毫米，重 0.11 克。两侧边内收，背面一条棱脊。（图 2 - 17，42）

2013CX：0574，长 11.2、宽 8.4、厚 3.1 毫米，重 0.32 克。两侧边内收，背面一条棱脊，侧

图 2 - 17　参雄尕朗遗址地表采集细石叶

近端：1. 2015CX：031　2. 2015CX：024　3. 2012CXT189：5　4. 2015CX：027　5. 2015CX：019　6. 2015CX：018　7. 2012CXT172：2
8. 2012CXT97：6　9. 2012CXT192：2　10. 2012CXT213：24　11. 2012CXT214：17　12. 2015CX：024　13. 2015CX：012
14. 2015CX：014　15. 2015CX：029

中段：16. 2012CX：0522　17. 2012CX：026　18. 2012CX：0591　19. 2015CX：028　20. 2015CX：026　21. 2012CXT217：5
22. 2013CXT147：4　23. 2012CXT203：2　24. 2012CXT2：5　25. 2015CX：016　26. 2012CXT212：15　27. 2012CXT212：20
28. 2015CX：017　29. 2012CXT1：18　30. 2015CX：0407　31. 2012CXT189：13　32. 2012CX：025　33. 2012CX：0542
34. 2012CX：0527　35. 2012CX：0529　36. 2012CX：0546

远端：37. 2012CXT1：8　38. 2013CX：0575　39. 2013CX：0574　40. 2013CX：0502　41. 2012CXT191：30　42. 2012CXT215：18

缘可见明显的使用痕迹。（图 2 - 17，39）

6. 作业面更新石片

1 件。2015CX：032，长 48.78、宽 25、厚 10.28 毫米，重 14.18 克。可见一条细石叶阴痕，不完整。石片一侧还保留石皮，为细石核剥片初期调整作业面产生的。（图 2 - 18，1）

7. 台面更新石片

1 件。2015CX：067，长 9.2、宽 15.52、厚 14.26 毫米，重 2.61 克。周身可见细石叶阴痕，共 13 条，是将原细石核台面整体打掉的类型。原台面长 13.44、宽 13.8 毫米。（图 2 - 18，2）

8. 断块

共 92 件。根据测量数据，该地点地表采集断块长 17.3 ~ 87.96 毫米，平均值 34.080 毫米；宽 3.5 ~ 63.14 毫米，平均值 21.806 毫米；厚 2.7 ~ 30.8 毫米，平均值 12.043 毫米；重 0.21 ~ 64.44 克，平均值 8.064 克。（见附表一）

图 2 - 18　参雄尕朔遗址地表采集细石核更新石片
作业面更新石片：1. 2015CX：032　台面更新石片：2. 2015CX：067

二、石核类

包括石片石核 34 件，细石核 35 件。

1. 石片石核

共 34 件，石核毛坯全部为砾石石块。通过观察，所有石片石核无预制、无修整，石皮覆盖率较高；剥片较少，每个台面剥片 1～5 片，石核利用率低；剥片方式随意，直接打击剥片，随意打击数次后便丢弃石核，这应与遗址周边石料丰富有关。双台面石核和多台面石核中，第一组剥片的台面已被破坏，其余组剥片的台面均为前一组剥片的片疤，不加修整，直接剥取。

根据测量数据，该地点地表采集石片石核长 44.4～136.4 毫米，平均值 79.302 毫米；宽 29～120 毫米，平均值 67.108 毫米；厚 20.5～97 毫米，平均值 42.058 毫米；重 37.73～919.8 克，平均值 232.746 克。（见附表三）

（1）单台面石核　5 件。

2012CXAT109：1，长 82、宽 48、厚 48.6 毫米，重 158.98 克。自然台面，台面长 79、宽 45 毫米。剥片均沿台面周缘向下，可见 5 个剥片片疤，片疤特征明显。石皮覆盖率超过 50%。（图 2 - 19，1）

2013CX：090，长 105、宽 60.9、厚 90.6 毫米，重 480.87 克。片疤台面，台面长 98.72、宽 80.42 毫米。剥片均沿台面周缘向下，可见 4 个剥片片疤，片疤特征明显。石皮覆盖率超过 50%。（图 2 - 19，2）

（2）双台面石核　13 件。

2012CXAT104：1，长 110.3、宽 87、厚 83.5 毫米，重 919.8 克。两组剥片，第一组剥片的台面被第二组剥片破坏，可见 3 个不完整的片疤；第二组剥片以第一组的片疤为台面，可见 2 个片疤。石皮覆盖率超过 50%。（图 2 - 20，1）

2012CXAT147：13，长 71.6、宽 74.2、厚 55.8 毫米，重 271.69 克。两组剥片，第一组剥片片疤台面，沿台面向下的剥片片疤可见 3 个；第二组剥片以第一组剥片的片疤为台面。可见少量石皮。（图2 - 20，2）

1. ⊢————⊣ 0   4厘米 2. ⊢————⊣ 0   6厘米

图2－19　参雄尕朔遗址地表采集单台面石核
1. 2012CXAT109：1　2. 2013CX：090

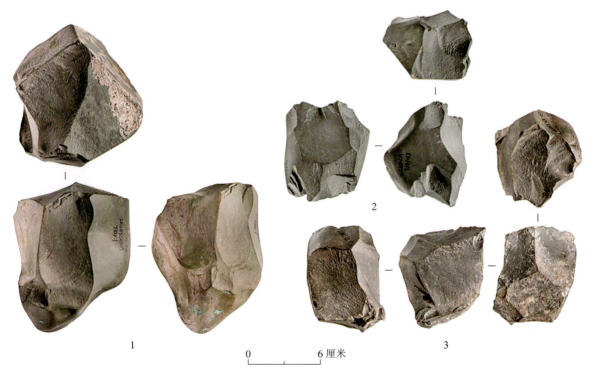

⊢————⊣ 0   6厘米

图2－20　参雄尕朔遗址地表采集石核
双台面石核：1. 2012CXAT104：1　2. 2012CXAT147：13　多台面石核：3. 2015CX：050

（3）多台面石核　8件。

2012CXT1：4，长70.8、宽65、厚62.1毫米，重380.18克。四组剥片，第一组剥片的台面已被破坏，其余三组剥片均以前一组的剥片为台面。可见12个剥片片疤，皆沿台面向下，形状不规则。可见少量石皮。

2015CX：050，长74.5、宽69.08、厚57.6毫米，重345.99克。三组剥片，第一组剥片的台面已被破坏，其余两组剥片均以前一组的剥片为台面。第一组剥片共 5 个片疤，第二组剥片共 3 个片疤，第三组剥片共 2 个片疤，皆沿台面向下，形状不规则。可见少量石皮。（图 2-20，3）

（4）石核断块　8 件。

2012CXT3：3，长 96.1、宽 48.6、厚 40 毫米，重 138.97 克。石核一端折断，不能继续使用。残留剥片片疤 4 个。少量石皮。

2013CX：048，长 60、宽 37.6、厚 26.8 毫米，重 59.07 克。石核一端折断，不能继续使用。少量石皮。

2. 细石核

共 35 件，其中预制阶段的楔形细石核 15 件、剥片阶段的楔形细石核 10 件、耗竭阶段的楔形细石核 4 件、锥形细石核 1 件、细石核断块 5 件。（图 2-21 至图 2-24）

各阶段的细石核测量数据见附表三。

（1）预制阶段的楔形细石核　15 件。

2012CXAT32：3，长 36、宽 40.5、厚 17.5 毫米，重 21.02 克。原型为厚石片，左侧面可见明显的石片特征。台面呈四边形，长 40.5、宽 17.5 毫米台面修整沿周缘向内。楔状缘为原石片素材的一侧边，未调整。（图 2-21，4）

2013CX：043，长 63.1、宽 35.1、厚 25 毫米，重 58.38 克。原型为厚石片，右侧面可见明显的石片特征。台面呈三角形，长 38、宽 27.1 毫米。楔状缘两面修整。作业面剥片片疤 4 个，沿台面向下，是剥取细石叶前一阶段的剥片。（图 2-21，2）

2013CX：0137，长 89.4、宽 46.2、厚 60.9 毫米，重 331.67 克。原型为砾石石块。片疤台面长 56.52、宽 32.34 毫米，有效台面长 12.06 毫米。左侧面为石核修型形成的片疤，共 2 个，方向不同，右侧面为石皮。楔状缘沿左侧面向右侧面修整成刃状。作业面已开始剥片，共 4 个片疤，尚未剥取细石叶。

（2）剥片阶段的楔形细石核　10 件。

2012CXAT98：1，长 59.2、宽 42、厚 18.4 毫米，重 26.11 克。原型为厚石片。台面呈三角形，长 32.1、宽 19.3 毫米。台面修整由边缘向内，后缘和底缘修整皆向作业面方向，以控制细石叶走向。左侧面有少量石皮。可见 4 条细石叶阴痕，但作业面被沿台面向下的一剥片破坏，导致石核废弃。（图 2-22，1）

2012CXAT65：1，长 41.9、宽 21.7、厚 18.8 毫米，重 26 克。原型为厚石片，右侧面可见明显的石片特征。台面呈三角形，长 21.7、宽 19.3 毫米。楔状缘沿右侧面向左侧面单面修整。可见底缘向台面方向的调整，以控制细石叶剥取。作业面可见 5 条细石叶阴痕，完整的两条长分别为 35.6、25 毫米，宽分别为 3.5、3.7 毫米。（图 2-22，2）

2012CXAT39：1，长 49.6、宽 32、厚 17.1 毫米，重 29.4 克。原型为厚石片，两侧面均可见明显的石片特征。台面呈四边形，长 26.5、宽 13.5 毫米。台面更新由边缘向内，有效台面约占基础台面的 1/3。后缘和底缘的修整与更新皆由左侧面向右侧面方向。底缘可见少量石皮。作业面可见 4 条细石叶阴痕，皆为台面更新后的剥片，底缘调整在剥取细石叶之后。（图 2-22，4）

图 2 - 21　参雄尕朔遗址地表采集细石核

预制阶段细石核：1. 2012CXAT112：2　2. 2013CX：043　3. 2012CXAT205：2　4. 2012CXAT32：3　5. 2012CXAT87：4
耗竭阶段细石核：6. 2012CXAT178：6　7. 2012CX：01　细石核断块：8. 2012CXAT192：42

　　2015CX：033，长 39.08、宽 27.26、厚 27 毫米，重 24.54 克。原型不可辨。台面呈三角形，长 20.72、宽 27.72 毫米，台面修整沿周缘向内。楔状缘两面修整。可见底缘向台面方向的调整，以控制细石叶剥取。作业面可见 4 条细石叶阴痕，均不完整。

　　2015CX：034，长 49.68、宽 28.94、厚 22.76 毫米，重 30.69 克。原型不明。台面呈三角形，长 22、宽 17 毫米，台面更新沿周缘向内。楔状缘两面修整。可见底缘向台面方向的调整，以控制细石叶剥取。作业面可见 5 条细石叶阴痕，完整的一条长 41、宽 4 毫米。

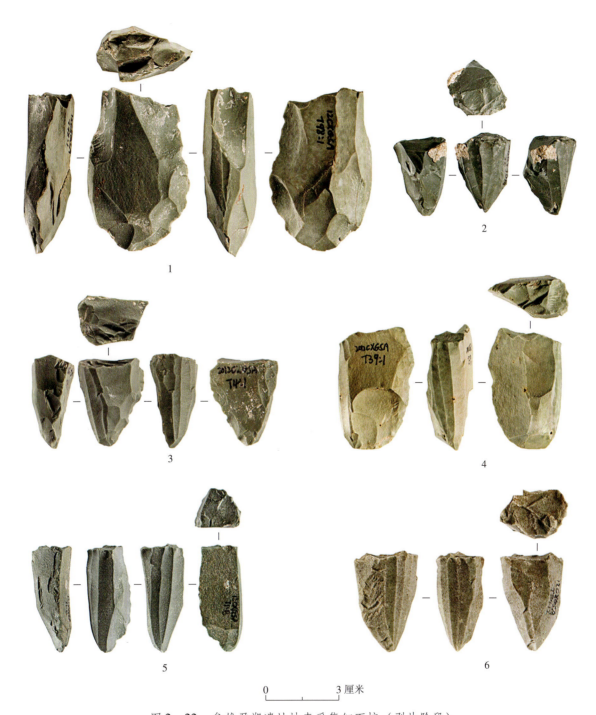

0 ____ 3厘米

图 2 - 22　参雄尕朔遗址地表采集细石核（剥片阶段）

1. 2012CXAT98：1　2. 2012CXAT65：1　3. 2012CXAT4：1　4. 2012CXAT39：1　5. 2012CXAT1：8　6. 2012CXAT84：2

（3）耗竭阶段的楔形细石核　4 件。

2012CXAT178：6，长 22.9、宽 18.6、厚 7.4 毫米，重 4.95 克。原型不明。台面呈四边形，长 18.8、宽 8.4 毫米。石核体过小，无法继续剥片。作业面约占台面 1/5，可见细石叶阴痕 4 条，基本完整者一条，长 21、宽 2.7 毫米。（图 2 - 21，6；图 2 - 24，1）

2015CX：036，长 26.18、宽 13.58、厚 11.08 毫米，重 3.78 克。原型不可辨。台面长 14.08、宽 11.26 毫米。作业面可见 4 条细石叶阴痕，完整的一条，长 24.94、宽 3.46 毫米。废弃原因为楔状缘修整失败,破坏了作业面。

(4)细石核断块 5件。

2012CXAT192:42,长10.6、宽15.6、厚10毫米,重2.04克。原型不可辨。作业面可见5条细石叶阴痕,细石核尾端折断。(图2-21,8)

(5)锥形细石核 1件。

2012CXT189:6,长36.0、宽15、厚13.1毫米,重13.09克。石核一面为平坦的自然石皮面,一面凸起为作业面。台面略呈椭圆形,沿周缘向内修整。作业面可见15条细石叶阴痕,完整的两条长分别为35.8、33.17毫米,宽分别为17.1、5.7毫米。(图2-23)

图2-23 登额曲流域地表采集锥形细石核
(2012CXT189:6)

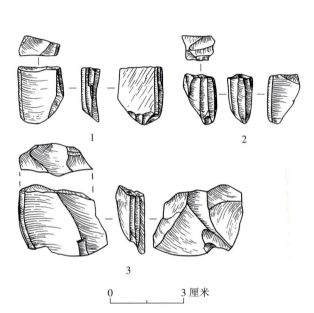

图2-24 参雄尕朔遗址地表采集细石核
耗竭阶段细石核:1.2012CXT178:6 2.2012CXT190:15
细石核断块:3.2012CX:0649

三、工具类

共11件,均为端刮器。毛坯包括石片和扁平的带砾石面石块,以石片毛坯为主。根据测量数据,该地点地表采集端刮器长32.5~137.32毫米,平均值76.240毫米;宽28.3~86.6毫米,平均值59.310毫米;厚7.34~41.5毫米,平均值26.129毫米;重8.67~338.88克,平均值131.137克。(见附表二)

2012CXT188:17,长51.2、宽55.3、厚13.1毫米,重43.86克。毛坯为石片。素台面,石片特征明确,少量石皮。远端沿背面向破裂面方向修整,修疤连续、浅平。

2015CX:056,长69.14、宽36.32、厚19.54毫米,重53.54克。毛坯为厚石片。石片近端折断,远端沿破裂面向背面方向修整,修疤连续、浅平。背面少量石皮。(图2-25,1)

2013CX:088,长80.4、宽86.6、厚30.1毫米,重269.04克。毛坯为石片。素台面,石片特征明确,无石皮。远端可见沿破裂面向背面方向的修理。(图2-25,2)

2013CX：052，长 79.4、宽 69.6、厚 22.5 毫米，重 156.55 克。毛坯为厚石片。素台面，保留少量石皮。远端可见沿破裂面向背面的修整片疤。（图 2 - 25，4）

图 2 - 25　参雄尕朔遗址地表采集工具（端刮器）
1. 2015CX：056　2. 2013CX：088　3. 2013CX：047　4. 2013CX：052

第三节　角考石器点

角考石器点（33°45′27″N，95°57′3″E）位于调查河段中部的左岸二级台地上，海拔 4102 米。台地后缘分布有墓葬和岩画。台地面积广阔，遍布高山草甸，后缘的两山之间有一冲沟将台地一分为二，冲沟汇入登额曲。石器点分布于冲沟两侧。采集点共 6 处（图 2 - 26），距河床约 5～120 米。台地自北向南倾斜呈坡状，坡度较小。

该石器点于 2012 年调查时发现，地表采集石制品 1135 件，2015 年复查时又采集 104 件石制品。共采集石制品 1239 件，其中废片类 1164 件、石核类 60 件、工具类 15 件。（表 2）

图 2-26 角考采集点分布示意图

（2012 年采集点分别为角达〈JD〉A、B 和角莱〈JL〉A、B、C、D，2015 年采集石制品统一编为 JK）

表 2 角考石器点地表采集石制品分类统计表

石制品类型			2012 年	2015 年	总计
废片类 （1164）	断块		58	12	70
	碎屑		235	14	249
	残片		266	12	278
	长石片		31	1	32
	破碎石片 （446）	Ⅰ型	25	3	28
		Ⅱ型	20	2	22
		Ⅲ型	31	5	36
		Ⅳ型	340	20	360
	细石叶 （46）	近端	11	4	15
		中段	13	12	25
		远端	3	3	6
	完整石片 （37）	Ⅰ型	7	1	8
		Ⅱ型	2	1	3
		Ⅳ型	0	1	1
		Ⅴ型	5	0	5
		Ⅵ型	19	1	20
	作业面更新石片		1	2	3
	台面更新石片		3	0	3

石制品类型			2012 年	2015 年	总计
石核类 （60）	石核		11	2	13
	楔形细石核（45）	预制阶段	7	1	8
		剥片阶段	21	1	22
		耗竭阶段	9	4	13
		断块	2	0	2
	锥形细石核		1	1	2
工具类（15）			14	1	15
合计			1135	104	1239

以下按类型介绍石制品。

一、废片类

1. 长石片

共 32 件，占地表采集所有石制品的 2.58%，占地表采集废片类的 2.75%。根据测量，长石片长 31.48 ~ 77.16 毫米，平均值 48.378 毫米；宽 11.66 ~ 43.7 毫米，平均值 21.482 毫米；厚 3.72 ~ 23.24 毫米，平均值 9.732 毫米；重 2.4 ~ 76.69 克，平均值 13.789 克。（见附表四；图 2 - 27、2 - 28）

包括鸡冠状长石片 4 件，其余均为剥片初期的长石片。该地点地表采集长石片以素台面为主，共 25 件，占该地点地表采集长石片的 78.13%，其余为自然台面。长石片背面包含石皮的共 16 件，占 57.14%。

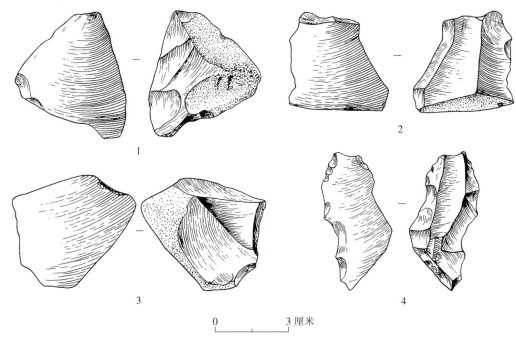

图 2 - 27　角考石器点地表采集长石片、残片
1. 2012JD：65　2. 2012JD：67　3. 2012JD：15　4. 2012JDA：041

图 2 - 28　角考石器点地表采集长石片、残片

长石片：1. 2012JDA：138　2. 2012JDA：199　3. 2012JDA：110　4. 2012JDA：191　5. 2012JDA：0414
残片：6. 2012JDA：046　7. 2012JDA：92　8. 2012JDA：84　9. 2012JDA：36　10. 2012JDA：058

2012JDA：199，长 63.2、宽 25.48、厚 14 毫米，重 20.43 克。鸡冠状，腹面为特征明显的石片疤，背面一条棱脊，少量石皮，片疤方向不同。（图 2 - 28，2）

2012JDA：191，长 74.32、宽 21.08、厚 11.58 毫米，重 18.7 克。长条形，腹面为特征明显的石片疤，左侧有折断，背面可见一个与破裂面方向相同的片疤。（图 2 - 28，4）

2012JDA：0414，长 50.68、宽 19.82、厚 11.26 毫米，重 8.02 克。鸡冠状，腹面为特征明显的石片疤，背面为方向不同的片疤。（图 2 - 28，5）

2012JLDT1：1，长 68.92、宽 28.28、厚 10.86 毫米，重 30.09 克。长条形，腹面为特征明显的石片疤，背面为大量石皮和两个与腹面方向相同的片疤。

2012JDA：138，长 56、宽 25.3、厚 9.12 毫米，重 12.64 克。长条形，腹面为特征明显的石片疤，右侧边有明显的连续小疤。（图 2 - 28，1）

2. 破碎石片

共 446 件，占地表采集石制品的 36.00%，占地表采集废片类的 38.32%。包括Ⅰ型 28 件、Ⅱ型 22 件、Ⅲ型 36 件、Ⅳ型 360 件。（图 2 - 29 至图 2 - 32）

根据测量，破碎石片长 4.4 ~ 63 毫米，平均值 28.462 毫米；宽 5.03 ~ 70.6 毫米，平均值 29.859 毫米；厚 1.02 ~ 28.84 毫米，平均值 9.340 毫米；重 1.15 ~ 79.6 克，平均值 10.085 克。（见附表四）

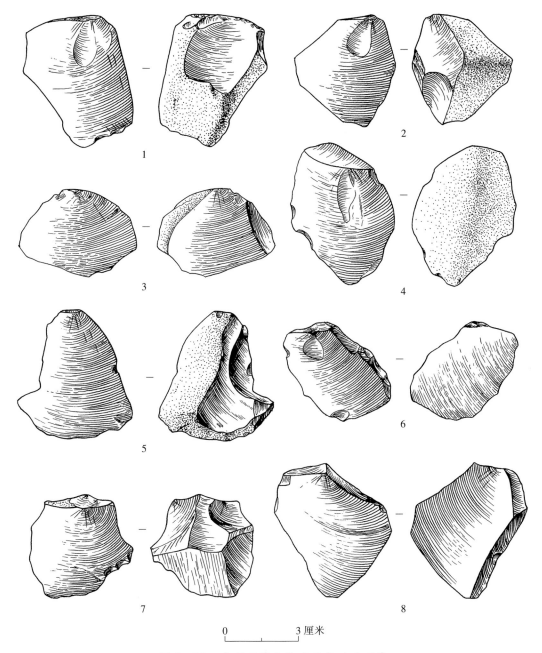

图 2 - 29 角考石器点地表采集破碎石片

Ⅰ型：3. 2015JK：057 Ⅱ型：2. 2012JDA：105 4. 2012JD：114 5. 2012JD：0390 Ⅲ型：1. 2012JDA：47
Ⅳ型：6. 2012JDA：79 7. 2012JD：89 8. 2012JD：187

　　根据观察和统计，该地点地表采集破碎石片以素台面为主，共 350 件，占该地点地表采集破碎石片的 78.48%；片疤台面者较少，共 6 件；其余均为自然台面。破碎石片背面主要为片疤背面，共 368 件，占 82.51%，背疤方向以多向为主。

　　（1） Ⅰ型　28 件。

　　2012JDA：134，长 54.3、宽 29.7、厚 9.5 毫米，重 11.74 克。素台面，破裂面特征明显，右侧边折断，左侧边有少量不连续的小崩疤，背面有两个方向不同的片疤。（图 2 - 30，1）

　　2012JDA：0386，长 46.6、宽 44.5、厚 10.8 毫米，重 13.64 克。素台面，破裂面特征明显，右侧边折断，左侧边为自然节理面，背面为方向不同的片疤。（图 2 - 30，2）

图 2-30　角考石器点地表采集 I 型破碎石片
1. 2012JDA：134　2. 2012JDA：0386　3. 2012JDA：0387

2012JDA：56，长 41、宽 58.8、厚 15.1 毫米，重 37.34 克。素台面，破裂面特征明显，右侧边折断，远端有两个小崩疤，背面有少量石皮，背面片疤与破裂面方向相同。

（2）Ⅱ型　22 件。

2012JDA：66，长 56.8、宽 47.9、厚 13.9 毫米，重 49.41 克。素台面，破裂面特征明显，左侧边折断，背面为少量石皮和 5 个方向不同的片疤。（图 2-31，1）

2015JDA：071，长 59.22、宽 36.38、厚 7.66 毫米，重 17.62 克。素台面，破裂面特征明显，左侧边折断，背面为不同方向的片疤。（图 2-31，2）

2012JLDT2：1，长 53.46、宽 49.78、厚 16.7 毫米，重 63.09 克。素台面，破裂面特征明显，左侧边折断，背面全部为石皮。

2012JLD 采：2，长 49.48、宽 46.82、厚 17.48 毫米，重 47.77 克。素台面，台面边缘有小崩疤，非修理形成。破裂面特征明显，左侧边折断，背面为不同方向的片疤。

2012JDA：183，长 60.6、宽 29.4、厚 12.53 毫米，重 26.03 克。片疤台面，破裂面特征明显，左侧边折断，远端完整，背面为石皮和方向不同的片疤。

（3）Ⅲ型　36 件。

2012JDA：108，长 48.66、宽 36.32、厚 8.3 毫米，重 16.45 克。素台面，破裂面特征明显，两侧边基本完整，远端折断，背面为少量石皮和一个与破裂面相同的片疤。（图 2-31，4）

2012JLAT6：3，长 41、宽 41.6、厚 11.6 毫米，重 19.93 克。片疤台面，破裂面特征明显，两侧边完整，远端折断，背面可见少量石皮和方向不同的片疤。（图 2-31，3）

（4）Ⅳ型　360 件。

2012JDA：125，长 32.5、宽 42.3、厚 11.5 毫米，重 18.33 克。片疤台面，破裂面特征明显，周缘均折断，背面片疤方向不同。（图 2-32，8）

2012JDA：0352，长 37.24、宽 36.58、厚 8.8 毫米，重 12.77 克。素台面，破裂面特征明显，周缘均折断，背面为方向不同的片疤。（图 2-32，9）

2012JDA：119，长 44.1、宽 29.9、厚 10.86 毫米，重 16.82 克。素台面，破裂面特征明显，周缘均折断，背面为石皮和方向不同的片疤。（图 2-32，10）

2012JDA：145，长 31.9、宽 30、厚 8.64 毫米，重 8.42 克。素台面，破裂面特征明显，周缘均折断，背面为方向不同的片疤。（图 2-32，1）

0　　　　　3厘米

图 2 - 31　角考石器点地表采集Ⅱ、Ⅲ型破碎石片
Ⅱ型: 1. 2012JDA: 66　2. 2015JK: 071　7. 2012JDA: 201
Ⅲ型: 3. 2012JLAT6: 3　4. 2012JDA: 108　5. 2012JDB: 2　6. 2012JDA: 126

2012JDA: 130, 长 30.74、宽 29、厚 9.6 毫米, 重 10.58 克。素台面, 破裂面特征明显, 周缘均折断, 背面为方向不同的片疤。(图 2 - 32, 5)

2012JDA: 96, 长 51.2、宽 70.6、厚 21.3 毫米, 重 79.6 克。素台面, 破裂面特征明显, 周缘均折断, 背面为方向不同的片疤, 少量石皮。(图 2 - 32, 11)

3. 完整石片

共 37 件, 占地表采集石制品的 2.99%, 占地表采集废片类的 3.18%。包括Ⅰ型 8 件、Ⅱ型 3 件、Ⅳ型 1 件、Ⅴ型 5 件、Ⅵ型 20 件, 不见Ⅲ型。(图 2 - 33)

根据测量, 完整石片长 21.9 ~ 84.82 毫米, 平均值 37.991 毫米; 宽 20.3 ~ 99 毫米, 平均值 40.614 毫米; 厚 5.1 ~ 28 毫米, 平均值 12.519 毫米; 重 2.59 ~ 196.72 克, 平均值 29.570 克。(见附表四)

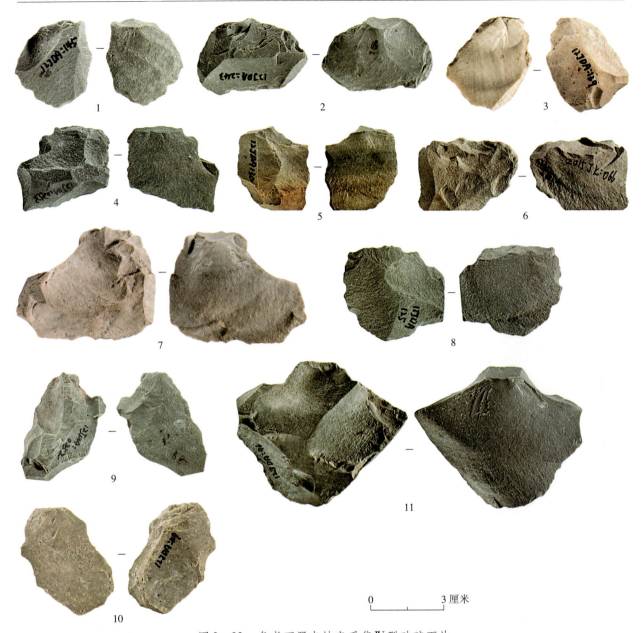

图 2 - 32　角考石器点地表采集Ⅳ型破碎石片

1. 2012JDA：145　2. 2012JDA：243　3. 2012JDA：139　4. 2012JDA：0253　5. 2012JDA：130　6. 2015JK：066　7. 2012JD：77
8. 2012JDA：125　9. 2012JDA：0352　10. 2012JDA：119　11. 2012JDA：96

　　根据观察和统计，完整石片以素台面居多，共 26 件，占 70.27％；其余均为自然石皮台面。背面以片疤背面为主，共 28 件，占 75.68％。这表明多数完整石片处于次级剥片阶段。

　　（1）Ⅰ型　8 件。

　　2015JK：0101，长 84.82、宽 99、厚 21.08 毫米，重 196.72 克。自然台面，破裂面特征明显，周缘基本完整，有少量不连续的崩疤，不影响石片的最大尺寸。背面全为石皮。（图 2 - 33，1）

　　（2）Ⅱ型　3 件。

　　2012JDA：400，长 53.1、宽 44、厚 12.6 毫米，重 32.11 克。自然台面，破裂面特征明显，周缘基本完整，靠近台面处部分被破坏，但不影响其最大尺寸。背面为少量石皮和节理面，有一个与破裂面方向不同的片疤。（图 2 - 33，4）

1、3、4、8、9、12. 0 ____ 4厘米　　余 0 ____ 3厘米

图 2－33　角考石器点地表采集完整石片

Ⅰ型：1. 2015JK：0101　2. 2012JDA：0353　Ⅱ型：3. 2015JK：081　4. 2012JDA：400　Ⅳ型：13. 2015JK：074　Ⅴ型：7. 2012JDA：71
8. 2012JDA：48　9. 2012JDA：035　Ⅵ型：5. 2012JDA：242　6. 2012JD：2　10. 2015JK：053　11. 2012JDA：283　12. 2012JDA：135

（3）Ⅳ型 1件。

2015JK：074，长34.7、宽24.5、厚8.32毫米，重6.88克。素台面，破裂面特征明显，周缘基本完整，左侧边靠近远端处部分折断，但不影响石片最大尺寸。背面全为石皮。（图2－33，13）

（4）Ⅴ型 5件。

2012JDA：71，长35.2、宽42.9、厚10.7毫米，重18.02克。素台面，破裂面特征明显，周缘完整，背面为少量石皮和一个与破裂面方向相同的片疤。（图2－33，7）

（5）Ⅵ型 20件。

2012JDA：135，长45.5、宽26、厚10.4毫米，重12.96克。素台面，破裂面特征明显，周缘完整，背面为两个方向不同的片疤。（图2－33，12）

2015JK：053，长31.5、宽24、厚12毫米，重25.43克。素台面，破裂面特征明显，周缘完整，背面为三个方向不同的片疤。（图2－33，10）

4. 残片

共278件（如图2－27，6～10；图2－28，1～3）。少量残片背面可见石皮，共26件，占9.35%。根据测量，该地点地表采集的残片长10.6～78.1毫米，平均值27.755毫米；宽11.1～75.6毫米，平均值25.594毫米；厚2.2～53.7毫米，平均值8.371毫米；重0.92～102.04克，平均值7.424克。（见附表四）

5. 细石叶

共46件，占地表采集石制品的3.71%，占地表采集废片类的3.95%。包括细石叶近端15件、细石叶中段25件、细石叶远端6件。（图2－34）

（1）细石叶近端 15件。

台面均可见，腹面可见明显的打击点和放射线、凸起的打击泡等特征。根据测量，细石叶近端长5.74～25.92毫米，平均值13.282毫米；宽1.06～11.3毫米，平均值6.808毫米；厚1.26～5.58毫米，平均值2.781毫米；重0.04～1.89克，平均值0.436克。（见附表五）

2012JDA采：5，长15.1、宽9.78、厚2.76毫米，重0.33克。背面一条棱脊。两边基本平行，侧缘薄锐。（图2－34，2）

2012JDA采：7，长12、宽5.88、厚1.98毫米，重0.18克。背面一条"Y"形棱脊。两边基本平行，侧缘薄锐。（图2－34，3）

2012JDB采：9，长14.48、宽3.76、厚1.26毫米，重0.09克。背面两条棱脊。两边平行，侧缘薄锐。（图2－34，6）

2015JK：013，长8.5、宽7.36、厚2.46毫米，重0.13克。背面一条细石叶阴痕，宽3.36毫米。两侧边平行，侧缘薄锐。（图2－34，5）

（2）细石叶中段 25件。

两端均折断，两边平行，横截面多呈梯形，少量呈三角形或五边形。根据测量，细石叶中段长5.3～22.28毫米，平均值11.524毫米；宽4.36～11.18毫米，平均值6.869毫米；厚1.16～3毫米，平均值1.985毫米；重0.02～0.55克，平均值0.189克。（见附表五）

2012JDA：6，长13.54、宽6.92、厚2.42毫米，重0.25克。背面两条棱脊。两边平行，侧缘

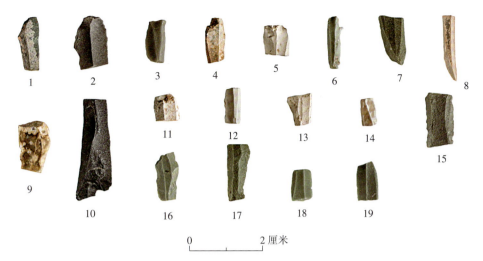

图 2 - 34　角考石器点地表采集细石叶

近端：1. 2012JLAT5：3　2. 2012JDA 采：5　3. 2012JDA 采：7　4. 2015JK：022　5. 2015JK：013　6. 2012JDB 采：9
远端：7. 2012JDA 采：17　8. 2015JK：07　9. 2015JK：012　10. 2015JK：08
中段：11. 2015JK：018　12. 2015JK：023　13. 2015JK：032　14. 2015JK：018　15. 2012JDA 采：16　16. 2012JDA 采：6
　　　17. 2012JDA 采：15　18. 2012JDA 采：18　19. 2012JDA 采：13

薄锐，有零星小崩疤。

2012JDA 采：15，长 15.28、宽 6.56、厚 2.52 毫米，重 0.31 克。背面两条棱脊。两边平行，侧缘薄锐，无使用痕迹。

2012JLAT2：2，长 19.3、宽 8、厚 2.1 毫米，重 0.39 克。背面两条棱脊。两边平行，侧缘薄锐，无使用痕迹。

2015JK：011，长 22.28、宽 11.18、厚 1.78 毫米，重 0.26 克。背面两条棱脊。两边内收，为靠近远端的部分，侧缘薄锐。

（3）细石叶远端　6 件。

根据测量，细石叶远端长 13.14～28 毫米，平均值 17.920 毫米；宽 3.74～9.7 毫米，平均值 6.555 毫米；厚 1.16～4.02 毫米，平均值 2.608 毫米；重 0.09～0.83 克，平均值 0.371 克。（见附表五）

2015JK：07，长 18、宽 3.74、厚 2.24 毫米，重 0.19 克。两侧边内收，背面两条棱脊，略向下弯曲。（图 2 - 34，8）

6. 作业面更新石片

共 3 件。为原细石核的作业面，由于不能继续剥取细石叶，故将其打下以获得新的细石核作业面。

2015JK：05，长 37.5、宽 19.5、厚 4.56 毫米，重 1.69 克。可见细石叶阴痕 4 条，均不完整。侧面存在少量石皮。（图 2 - 35，1）

7. 台面更新石片

共 3 件。2012JDA：256，长 39.12、宽 21.68、厚 7 毫米，重 3.24 克。石片远端处可见细石叶阴痕 3 条，是将原石核台面整体打掉的类型。（图 2 - 35，4）

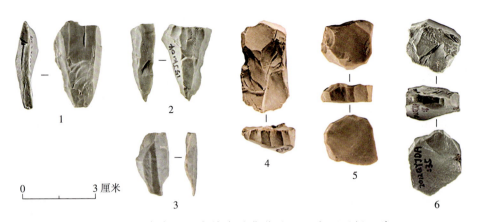

图 2 – 35 角考石器点地表采集作业面、台面更新石片

作业面更新石片：1. 2015JK：05 2. 2015JK：04 3. 2012JDA：13
台面更新石片：4. 2012JDA：256 5. 2012JDA：278 6. 2012JDA：35

8. 断块

共 70 件。根据测量数据，该地点地表采集断块长 13.3 ~ 110.08 毫米，平均值 36.849 毫米；宽 5.78 ~ 52.5 毫米，平均值 24.982 毫米；厚 2.38 ~ 34.9 毫米，平均值 12.468 毫米；重 0.38 ~ 117.17 克，平均值 19.212 克。（见附表四）

二、石核类

包括石片石核 13 件、细石核 47 件。

1. 石片石核

共 13 件。通过观察，所有石片石核无预制、无修整，石皮覆盖率较高；剥片较少，每个台面剥片 1 ~ 5 片，石核利用率低；剥片方式随意，直接打击剥片，随意打击数次后便丢弃石核，这应与遗址周边石料丰富有关。双台面石核和多台面石核中，第一组剥片的台面已被破坏，其余组剥片的台面均为前一组剥片的片疤，不加修整，直接剥取。（图 2 – 36）

根据测量数据，角考地点地表采集石片石核长 15.6 ~ 84.7 毫米，平均值 50.96 毫米；宽 39 ~ 84 毫米，平均值 54.62 毫米；厚 16.4 ~ 63.2 毫米，平均值 39.12 毫米；重 31.06 ~ 247.13 克，平均值 125.94 克。（见附表六）

（1）单台面石核 5 件。

2012JDB 采：7，长 82.24、宽 84、厚 32.52 毫米，重 247.13 克。自然台面，可见 2 个剥片，沿台面向下，片疤特征明显，形状不规则，均为直接打制。（图 2 – 36，1）

2012JDA：97，长 24.5、宽 42.4、厚 50.7 毫米，重 58.29 克。素台面，台面不完整。剥片为沿台面周缘向下的小片疤。石皮覆盖率约 50%。

（2）双台面石核 2 件。

2012JDA：99，长 28.2、宽 52.1、厚 63.2 毫米，重 83.11 克。两组剥片的台面均为片疤台面，第一组剥片的台面残，可见 7 个片疤；第二组剥片的台面长 51.08、宽 20.44 毫米，仅 1 个剥片。片疤形状皆不规整，均为直接打制。可见少量石皮。（图 2 – 36，2）

图2－36　角考石器点地表采集石片石核
单台面石核：1. 2012JDB 采：7　双台面石核：2. 2012JDA：99

（3）多台面石核　3件。

2012JDA：55，长38.7、宽53.6、厚31毫米，重85.04克。三组剥片，第一组剥片，片疤台面，长43.68、宽26.86毫米，可见4个剥片。后两组剥片不完整，均被破坏。可见少量石皮。

（4）石核断块　3件。

2012JDA：54，长24.3、宽39、厚39.1毫米，重31.06克。石核周身均可见剥片，石核折断，除可辨认片疤外，台面等被破坏。

2. 细石核

共47件。包括预制阶段的楔形细石核8件、剥片阶段的楔形细石核22件、耗竭阶段的楔形细石核13件、细石核断块2件、锥形细石核2件。（图2－37至图2－40）

各阶段细石核测量数据见附表六，根据测量数据可见细石核随细石叶剥取而逐渐缩减。

（1）预制阶段的楔形细石核　8件。

2012JDA：68，长35.4、宽31.7、厚14.2毫米，重17.52克。原型为厚石片，左侧面可见明显的石片特征。台面呈四边形，长32.4、宽14.2毫米，沿台面周缘向内修整。后缘与底缘修整皆沿左侧面向右侧面方向修整。未剥取细石叶。（图2－37，3）

（2）剥片阶段的楔形细石核　22件。

2012JDA：40，长49.3、宽35.3、厚15.7毫米，重37.46克。原型为石片，石核左侧面可见明显的石片特征。台面呈四边形，长35.8、宽14毫米，沿台面周缘向内修整。楔状缘修整沿石核左侧面向右侧面单向修整。作业面可见7条细石叶阴痕，完整的一条长43.5、宽5.4毫米。作业面更新方式为沿石核底缘向台面方向剥片更新。（图2－38，1）

2012JDA：25，长31.6、宽21.3、厚18.5毫米，重15.44克。原型不可辨。台面呈三角形，长21.4、宽19.4毫米，沿台面周缘向内修整。楔状缘修整沿石核左侧面向右侧面单向修整。作业面可见5条细石叶阴痕，完整的一条长24.1、宽5毫米。台面未更新。

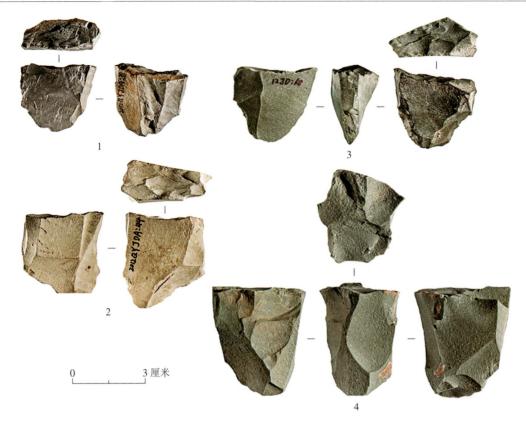

图 2-37　角考石器点地表采集细石核
预制阶段：1. 2012JDA：38　2. 2012JDA：44　3. 2012JDA：68　5. 2012JDA：55

2012JDA：28，长 41、宽 30.3、厚 18.4 毫米，重 20.77 克。原型不可辨。台面呈三角形，长 29.8、宽 19.9 毫米，沿台面周缘向内修整。楔状缘两面修整。作业面可见 6 条细石叶阴痕，均不完整。台面更新，从作业面处打片，修整出有效台面，因修整台面失败而废弃。（图 2-38，2）

2012JDA：36，长 43.8、宽 29.1、厚 21 毫米，重 26.71 克。原型不可辨。台面被破坏。楔状缘两面修整。作业面可见 3 条细石叶阴痕，均不完整。台面更新失败导致细石核废弃。（图 2-40，8）

2012JDA：30，长 36.1、宽 21.5、厚 15.5 毫米，重 14.1 克。原型为石片，右侧面可见明显的石片特征。台面呈三角形，长 20.2、宽 15.9 毫米，沿周缘向内修整。楔状缘修整沿右侧面向左侧面单向修整。作业面可见 5 条细石叶阴痕，均不完整。（图 2-40，1）

2012JDA：47，长 37、宽 32.4、厚 20.5 毫米，重 25.97 克。原型为石片，右侧面可见明显的石片特征。台面呈四边形，长 31.3、宽 21.2 毫米，沿周缘向内修整。楔状缘为石片素材的侧边，未修整。作业面可见 7 条细石叶阴痕，均不完整。底缘处可见向台面方向的修疤，控制细石叶剥取。

（3）耗竭阶段的楔形细石核　13 件。

2012JLBT7：3，长 32、宽 17.1、厚 15.4 毫米，重 12.58 克。原型为石片，左侧面石片特征明显。因台面更新失败，使得细石核不能继续剥片。楔状缘修整沿左侧面向右侧面单向修整。作业面可见 3 条细石叶阴痕，均不完整。

图 2 - 38　角考石器点地表采集细石核

剥片阶段：1. 2012JDA：40　2. 2012JDA：28　3. 2012JDA：43　4. 2012JDA：46　5. 2012JDA：403　6. 2012JDA：33
锥形细石核：7. 2015JK：0100

2012JLBT3：1，长 24.7、宽 9.5、厚 9.1 毫米，重 3.48 克。原型不明。因楔状缘耗尽不能继续剥取细石叶。作业面可见 4 条细石叶阴痕，完整的一条长 22.6、宽 2.7 毫米。（图 2 - 39，2；图 2 - 40，5）

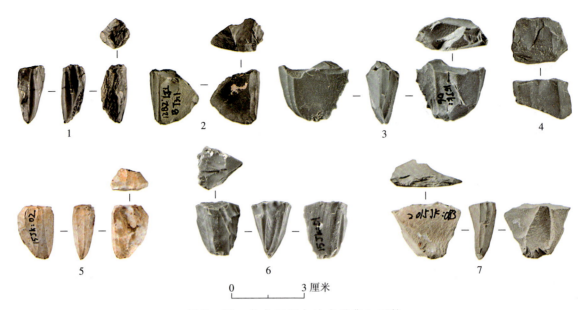

图2-39　角考石器点地表采集细石核

耗竭阶段：1. 2012JLB：67　2. 2012JLBT3：1　3. 2015JK：06　5. 2015JK：02　6. 2015JK：01　7. 2015JK：083
断块：4. 2012JDA：39

（4）细石核断块　2件。

2012JDA：39，长18.5、宽16.5、厚23.4毫米，重6.5克。因台面修整导致细石核折断，仅剩部分台面和作业面，台面长16.3、宽23.4毫米。作业面可见6条细石叶阴痕，均不完整。（图2-39，4）

（5）锥形细石核　2件。

2012JLCT3：2，长30.6、宽11.3、厚11.1毫米，重5.47克。石核略呈锥状，台面略呈椭圆形，沿周缘向内修整，台面长17.4、宽13.5毫米。作业面可见9条细石叶阴痕，完整的一条长24、宽4.6毫米。

2015JK：0100，长46.36、宽17.58、厚15.36毫米，重16.36克。石核略呈锥状，台面不完整，台面长12.54、宽14.52毫米。石核处于剥片阶段，周身剥取细石叶。可见12条细石叶阴痕，均不完整。（图2-38，7）

三、工具类

共15件，包括端刮器4件、凹缺器1件、边刮器9件、锯齿刃器1件（图2-41）。角考石器点地表采集工具主要以石片为毛坯，仅锯齿刃器以板状石材为毛坯。

1. 锯齿刃器

1件。2012JLC采：1，长67.32、宽49.78、厚12毫米，重50.32克。毛坯为一板状砾石。砾石边缘打片修薄，在边缘处压制出整齐的锯齿状边缘。（图2-41，7）

2. 凹缺器

1件。2012JDA：258，长15.1、宽32.3、厚5毫米，重3.37克。毛坯为破碎石片。双凹刃，分别位于石片远端和左侧边，刃长分别为21.66、25毫米。位于远端的凹刃有单向连续修整的修

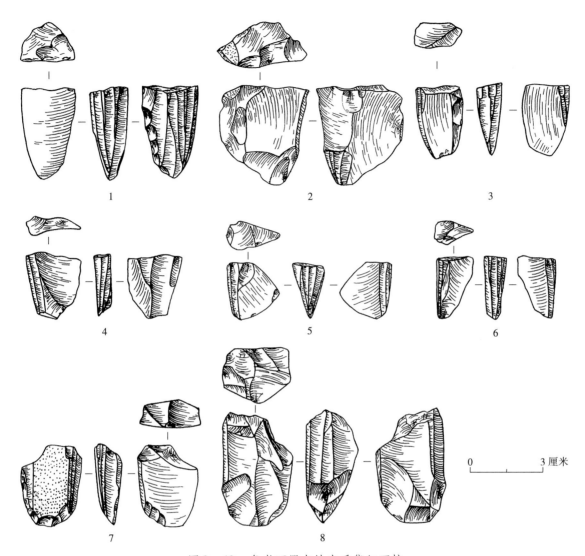

图 2 - 40　角考石器点地表采集细石核
剥片阶段：1. 2012JDA：30　2. 2012JDA：43　断块：7. 2012JLA 采：2　8. 2012JDA：36
耗竭阶段：3. 2012JLBT8：1　4. 2012JLBT6：5　5. 2012JLBT3：1　6. 2012JDB 采：1

疤。（图 2 - 41，1）

3. 边刮器

共 9 件。2012JDA：0277，长 63、宽 43.6、厚 15.5 毫米，重 43.72 克。毛坯为石片，左侧边可见连续的、细小浅平的沿破裂面向背面单向修整的片疤。（图 2 - 41，6）

2012JDA：124，长 45.14、宽 39.76、厚 12 毫米，重 21.58 克。毛坯为石片，使用部位在右侧边，可见连续的、浅平的沿破裂面向背面的小疤。

2012JDA：129，长 23.46、宽 45.52、厚 9.42 毫米，重 14.23 克。毛坯为石片，使用部位在石片远端，可见连续的、浅平的沿破裂面向背面的小疤。

4. 端刮器

共 4 件。2012JDA：380，长 43、宽 28.52、厚 21 毫米，重 22.36 克。毛坯为石片，石片远端可见正向加工产生的连续修疤。（图 2 - 41，5）

图 2 - 41　角考石器点地表采集工具

凹缺器: 1. 2012JDA: 258　端刮器: 2. 2012JLT1: 3　5. 2012JDA: 380　边刮器: 3. 2012JDA: 336　4. 2012JDA: 260
6. 2012JDA: 0277　锯齿刃器: 7. 2012JLC 采: 1

第四节　西琼达石器点

西琼达石器点（33°48′4″N，96°2′56″E）位于登额曲入通天河河口处右岸的一级台地上，与参雄尕朔石器点隔登额曲相望，海拔4023米。采集点共3处（图2-42），共布1米×1米的探方98个，距离河床约100~150米。台地自南向北平缓倾斜呈坡状。遗址南面邻山，距山脚约50米。遗址的中心地带被现代修建房屋的行为破坏，地表黄土被取来建房，于黄土堆砌的墙面上可见不少石器。

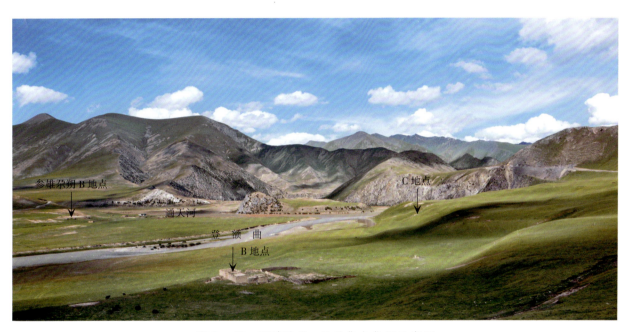

图2-42　西琼达B、C采集点位置示意图
（由东南向西北拍摄）

西琼达石器点地表采集石制品298件，其中废片类286件、石核类1件、工具类11件。（表3）

表3　西琼达石器点地表采集石制品分类统计表

石制品类型			A 地点	B 地点	C 地点	总计
废片类（286）	断块		17	3	0	20
	碎屑		70	8	4	82
	残片		88	3	6	97
	长石片		1	0	1	2
	破碎石片（78）	Ⅰ型	9	0	7	16
		Ⅱ型	2	0	0	2
		Ⅲ型	2	0	0	2
		Ⅳ型	53	2	3	58
	细石叶（2）	近端	0	1	0	1
		中段	1	0	0	1

石制品类型			A 地点	B 地点	C 地点	总计
废片类 (286)	完整石片 (5)	Ⅰ型	1	0	0	1
		Ⅲ型	1	0	0	1
		Ⅴ型	0	0	3	3
剥片阶段的楔形细石核（1）			1	0	0	1
工具类（11）			10	1	0	11
合计			256	18	24	298

以下按类型介绍石制品。

一、废片类

1. 长石片

共 2 件，占地表采集石制品的 0.67%，占地表采集废片类的 0.7%。均为背面带石皮的剥片初期的长石片。

2012XQDAⅡT88：1，长 97.64、宽 30.52、厚 15.6 毫米，重 49.13 克。长条形，腹面为特征明显的石片疤，右侧边可见明显的使用痕迹。背面全部为石皮。

2. 破碎石片

共 78 件，占地表采集石制品的 26.17%，占地表采集废片类的 27.27%。包括Ⅰ型 16 件、Ⅱ型 2 件、Ⅲ型 2 件、Ⅳ型 58 件。（图 2－43、2－44）

根据测量，破碎石片长 10.12～94.04 毫米，平均值 28.171 毫米；宽 12.54～72.56 毫米，平均值 29.253 毫米；厚 3.24～26.88 毫米，平均值 7.948 毫米；重 0.7～210.52 克，平均值 11.227克。（见附表七）

根据观察，破碎石片台面以素台面为主，共 45 件，占破碎石片的 57.69%；自然台面的 15件，占破碎石片的 19.23%；片疤台面的 1 件，占破碎石片的 1.28%；其余 17 件石片的台面部分被破坏，无法判定台面性质。破碎石片背面为石皮的 3 件，占破碎石片的 3.85%；部分石皮、部分片疤的 19 件，占破碎石片的 24.36%；其余的 56 件为片疤背面，占破碎石片的 71.79%。破碎石片背面以人工背面为主，亦属于次级剥片阶段。背面片疤方向与破裂面方向相同的有 9 件，其余的破碎石片背面片疤或早于破裂面形成，或为破裂面折断所致，片疤方向不一。

（1）Ⅰ型　16 件。

2012XQDC 采：1，长 47、宽 36.92、厚 14.34 毫米，重 23.79 克。素台面，破裂面特征明显，右侧边折断，背面为少量石皮和一个与破裂面方向不同的片疤。（图 2－43，6）

2012XQDCT4：3，长 25.44、宽 24.12、厚 6.68 毫米，重 5.03 克。素台面，破裂面特征明显，右侧边折断，背面全部为石皮。

2012XQDCT3：1，长 27.04、宽 28.86、厚 8.84 毫米，重 7.59 克。素台面，破裂面特征明显，右侧边折断，背面为部分石皮和一个与破裂面方向不同的片疤。（图 2－44，4）

图 2 - 43　西琼达石器点地表采集破碎石片
Ⅰ型：6. 2012XQDC 采：1　Ⅱ型：1. 2012XQDAⅡT71：1　Ⅲ型：4. 2012XQDAⅡT72：3
Ⅳ型：2. 2012XQDAⅡT64：13　3. 2012XQDAⅡT67：1　5. 2012XQDAT39：2

（2）Ⅱ型　2件。

2012XQDAⅡT71：1，长24.38、宽35.68、厚13.64毫米，重13.6克。素台面，破裂面特征明显，左侧边折断，背面为部分石皮和一个与破裂面方向不同的片疤。（图2-43，1）

（3）Ⅲ型　2件。

2012XQDAⅡT72：3，长30.92、宽34.02、厚9.48毫米，重9.61克。素台面，破裂面特征明显，远端折断，背面片疤方向不同。（图2-43，4；图2-44，10）

（4）Ⅳ型　58件。

2012XQDAⅡT64：13，长23.18、宽46.50、厚7.66毫米，重9.94克。素台面，破裂面特征明显，周缘均折断，背面片疤方向不同。（图2-43，2）

2012XQDAT39：2，长31.84、宽35.98、厚12.64毫米，重11.25克。素台面，破裂面特征明显，周缘均折断，背面片疤方向不同。（图2-43，5）

2012XQD 采：2，长94.04、宽72.56、厚26.88毫米，重210.52克。自然台面，破裂面特征明显，远端和右侧边折断，背面为部分石皮和一个与破裂面方向相同的片疤。（图2-44，1）

2012XQDAⅡT67：1，长74.48、宽49.78、厚15.52毫米，重56.34克。自然台面，破裂面特征明显，周缘有不连续的小疤，背面为两个方向不同的片疤，其中一个与破裂面方向相同。（图2-43，3）

2012XQDAⅡT65：2，长40.28、宽43.94、厚8.44毫米，重11.9克。自然台面，破裂面特征明显，周缘均有折断，背面片疤与破裂面方向相同。（图2-44，12）

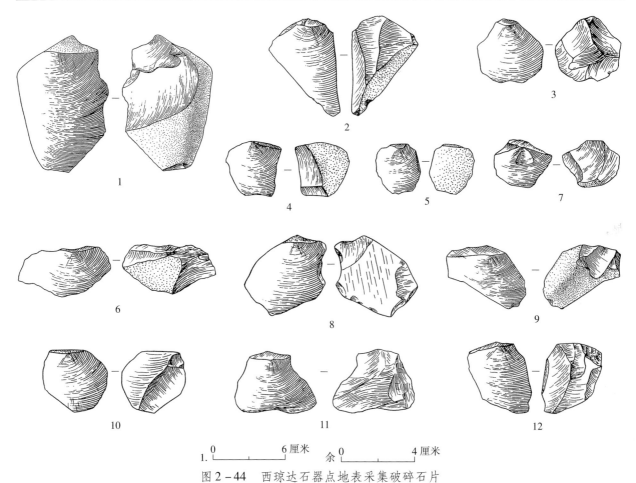

图 2 - 44　西琼达石器点地表采集破碎石片

Ⅰ型：4. 2012XQDCT3：1　8. 2012XQDT43：5　Ⅱ型：9. 2012XQDT71：1　Ⅲ型：10. 2012XQDAⅡT72：3
Ⅳ型：1. 2012XQD 采：2　2. 2012XQDAT29：6　3. 2012XQDAT39：2　5. 2012XQDCT4：3　6. 2012XQDAⅡT64：13　7. 2012XQDAⅡT61：1
　　11. 2012XQDAⅡT73：1　12. 2012XQDAⅡT65：2

2012XQDAⅡT72：5，长 43.24、宽 28.98、厚 13.32 毫米，重 3.04 克。素台面，破裂面特征明显，周缘均有折断，背面为方向不同的片疤。

2012XQDAT26：3，长 74.88、宽 60.84、厚 18.46 毫米，重 87.37 克。素台面，破裂面特征明显，周缘均有折断，背面为少量石皮和方向不同的片疤。

3. 完整石片

共 5 件，占地表采集石制品的 1.68%，占地表采集废片类的 1.75%。包括Ⅰ型 1 件、Ⅲ型 1 件、Ⅴ型 3 件。

该地点完整石片中，有 2 件为自然台面，3 件为素台面；自然背面石片 1 件，其余完整石片背面均有片疤。

根据测量数据，完整石片长 19.66～55.92 毫米，平均值 38.807 毫米；宽 30.72～60.28 毫米，平均值 47.177 毫米；厚 9.32～19.06 毫米，平均值 13.497 毫米；重 14.96～36.16 克，平均值 25.903 克。（见附表七）

（1）Ⅰ型　1 件。

2012XQDAⅡT73：2，长 19.66、宽 60.28、厚 11.04 毫米，重 14.96 克。自然台面，破裂面特

征明显，背面全部为石皮。

（2）Ⅲ型 1件。

2012XQDAⅡT57：5，长55.92、宽46.98、厚9.32毫米，重36.16克。自然台面，破裂面特征明显，周缘有小崩疤，背面为一个与破裂面方向相同的片疤。

（3）Ⅴ型 3件。

2012XQDCT6：2，长39.32、宽54.08、厚13.18毫米，重25.65克。素台面，破裂面特征明显，背面为一个与破裂面方向不同的片疤和少量石皮。

2012XQDCT8：2，长42.36、宽30.72、厚19.06毫米，重27.53克。素台面，破裂面特征明显，背面为一个与破裂面方向不同的片疤和部分石皮。

4. 残片

共97件。该地点残片中可见少量残片背面包含少量石皮，共9件，占9.28%。（图2-45）

根据测量数据，残片长8.68～65.12毫米，平均值25.182毫米；宽11.16～84.64毫米，平均值28.418毫米；厚2.62～30.42毫米，平均值7.916毫米；重0.57～125.88克，平均值9.729克。（见附表七）

5. 细石叶

共2件，占地表采集石制品的0.67%，占地表采集废片类的0.7%。西琼达石器点仅见细石

图2-45 西琼达石器点地表采集残片

1. 2012XQDAⅡT79：3 2. 2012XQDAⅡT71：2 3. 2012XQDAⅡT83：1 4. 2012XQDAⅡT53：1 5. 2012XQDAⅡT66：1

叶近端和细石叶中段各 1 件。

（1）细石叶近端 1 件。

2012XQDB 采：1，长 21.78、宽 6.4、厚 2.56 毫米，重 0.25 克。背面一条棱脊。素台面，腹面可见明显的打击点、放射线和凸起的半锥体等特征，两边平行，侧缘薄锐，无使用痕迹。

（2）细石叶中段 1 件。

2012XQDAT50：3，长 14.28、宽 7.74、厚 2.62 毫米，重 0.24 克。两侧边内收，接近远端，侧缘薄锐，无使用痕迹。

6. 断块

共 20 件。根据测量数据，该地点地表采集断块长 10.92 ~ 63.96 毫米，平均值 25.406 毫米；宽 11.54 ~ 43.86 毫米，平均值 23.329 毫米；厚 3.74 ~ 22.1 毫米，平均值 9.885 毫米；重 0.93 ~ 34.69 克，平均值 8.001 克。（见附表七）

二、石核类

1 件。为剥片阶段的楔形细石核。

2012XQDAT5：2，长 33.9、宽 28.8、厚 16.2 毫米，重 15.85 克。毛坯为石片，左侧面可见明显的石片特征，右侧面保留少量石皮。台面基本呈三角形，长 30、宽 17.6 毫米。楔状缘被破坏，修整方式不可辨。作业面因底缘修整而破坏，残留 2 个细石叶阴痕，均不完整。台面修整可见沿台面周缘向内的小疤。（图 2 - 46，7、8）

三、工具类

共 11 件，包括边刮器和端刮器。毛坯均为石片，在石片远端或侧边可见明显的二次加工痕迹，部分刮削器有多条边缘均有加工痕迹。

根据测量数据，刮削器长 22.88 ~ 81.58 毫米，平均值 57.078 毫米；宽 22.56 ~ 69.76 毫米，平均值 45.680 毫米；厚 7.56 ~ 32.56 毫米，平均值 17.080 毫米；重 4.39 ~ 204.98 克，平均值 69.226 克。（见附表七）

2012XQDAⅡT78：1，长 86、宽 63.28、厚 11.68 毫米，重 68.88 克。毛坯为石片。自然台面，石片特征明显，左侧边折断，可见疑似使用痕迹的小崩疤。右侧边和远端可见明显的二次加工形成的浅平、连续的小崩疤。背面可见少量石皮。（图 2 - 46，1）

2012XQDAⅡT80：1，长 52.58、宽 52、厚 13.54 毫米，重 52.68 克。毛坯为破碎石片。背面全部为石皮。远端可见浅平修疤，正向修理。（图 2 - 46，2）

2012XQDAT42：3，长 52.62、宽 42.12、厚 14.26 毫米，重 22.83 克。毛坯为残片。单凹刃，刃缘长 28.58 毫米，修理部位为石片一侧边，单向修理，浅平的鱼鳞形修疤。另一侧边可见反方向的浅平修疤。（图 2 - 46，6）

2012XQDAT21：1，长 71.46、宽 48.16、厚 11.56 毫米，重 46.64 克。毛坯为完整石片。自然台面，石片特征明显，背面全部为石皮。石片左侧边可见沿破裂面向背面的单面修

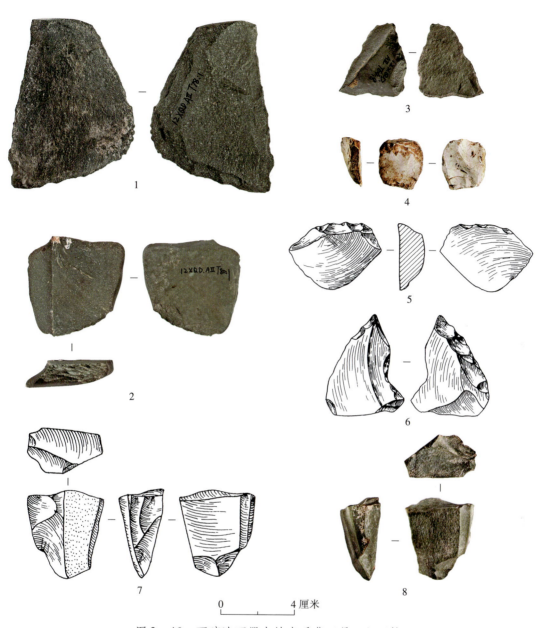

图 2 – 46   西琼达石器点地表采集工具、细石核

边刮器：1. 2012XQDAⅡT78：1   3. 2012XQDAⅡT64：8   6. 2012XQDAT42：3   剥片阶段细石核：7、8. 2012XQDAT5：2
端刮器：2. 2012XQDAⅡT80：1   4. 2012XQDAⅡT75：1   5. 2012XQDAⅡT65：4

整，修疤连续、浅平。

2012XQDAⅡT55：2，长 22.88、宽 22.56、厚 7.56 毫米，重 4.39 克。毛坯为石片。素台面，石片特征明显，片疤背面。石片两侧边可见沿破裂面向背面的二次加工痕迹，远端可见浅平的小疤，应为使用痕迹。

2012XQDAT38：1，长 80.62、宽 47.56、厚 20 毫米，重 75.39 克。毛坯为石片。自然台面，石片特征明显，右侧边折断，片疤背面。石片远端可见沿破裂面向背面的二次加工痕迹，修疤连续、浅平。

第五节　尕琼石器点

尕琼石器点（33°46′1″N，95°58′39″E）位于登额曲左岸的一级台地上，海拔 4074 米。距离河床约 30 米，高差约 10 米。台地自西向东以较大角度呈坡状倾斜，整个台面较为平缓，起伏很小。台地西侧靠山，石器集中分布点距山脚 60 余米。台地表层多为草皮覆盖，个别地点草皮被破坏暴露出部分黄土。从地表暴露情况看，土壤为沙性黄土，厚度约 30~40 厘米。该石器点于 2012 年调查时首次发现，共布 1 米 ×1 米的探方 47 个，获得石制品 323 件，2015 年复查时获得石制品 12 件。

尕琼石器点地表共采集石制品 335 件，其中废片类 319 件、石核类 7 件、工具类 9 件。（表 4）

表 4　尕琼石器点地表采集石制品分类统计表

石制品类型			2012 年	2015 年	总计
废片类 （319）	残片		47	3	50
	断块		19	1	20
	破碎石片 （82）	Ⅰ型	3	1	4
		Ⅱ型	8	0	8
		Ⅲ型	2	0	2
		Ⅳ型	65	3	68
	碎屑		114	3	117
	细石叶 （44）	近端	19	0	19
		中段	21	0	21
		远端	4	0	4
	完整石片 （6）	Ⅱ型	1	0	1
		Ⅴ型	3	0	3
		Ⅵ型	2	0	2
石核类 （7）	楔形细石核 （5）	预制阶段	2	0	2
		剥片阶段	1	0	1
		耗竭阶段	1	0	1
		断块	1	0	1
	石片石核（2）		2	0	2
工具类（9）			8	1	9
合计			323	12	335

以下按石制品类型分类介绍。

一、废片类

1. 破碎石片

共 82 件，占地表采集石制品的 24.48%，占地表采集废片类的 25.71%。其中包括Ⅰ型 4 件、

图 2 -47　尕琼石器点地表采集破碎石片

Ⅰ型: 1. 2012GQ: 03　2. 2012GQⅡT27: 12　Ⅱ型: 7. 2012GQ: 09　9. 2012GQⅡT21: 4　Ⅲ型: 4. 2012GQⅡT25: 1
Ⅳ型: 3. 2012GQⅡT27: 7　5. 2012GQⅢT8: 3　6. 2012GQⅡT27: 8　8. 2012GQ: 20　10. 2012GQ: 04　11. 2012GQ: 02

Ⅱ型8件、Ⅲ型2件、Ⅳ型68件。（图2 -47、2 -48）

　　根据测量，破碎石片长11.48～60.52毫米，平均值28.385毫米；宽12.14～66.32毫米，平均值30.031毫米；厚2.62～16.78毫米，平均值7.993毫米；重0.44～35.66克，平均值8.440克。（见附表八）

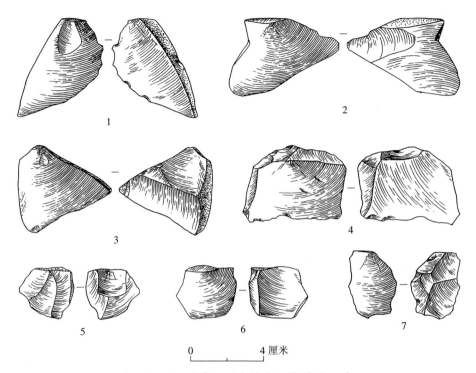

0　　　　　4厘米

图 2-48　尕琼石器点地表采集破碎石片

Ⅰ型：1. 2012GQ：03　2. 2012GQ：06　3. 2012GQ Ⅱ T27：12　Ⅲ型：4. 2012GQ Ⅱ T25：1
Ⅳ型：5. 2012GQ Ⅲ T14：1　6. 2012GQ Ⅲ T6：2　7. 2012GQ Ⅲ T7：2

　　根据观察，破碎石片台面以素台面为主，共 74 件，占破碎石片的 90.24%；自然台面的 7 件，占破碎石片的 8.54%；片疤台面的 1 件，占破碎石片的 1.22%。无背面为石皮的破碎石片，部分石皮、部分片疤的 20 件，占破碎石片的 24.39%；其余的为片疤背面，占破碎石片的 75.61%。破碎石片背面以人工背面为主，亦属于次级剥片阶段。背面片疤方向与破裂面方向相同的有 16 件，其余的破碎石片背面片疤或早于破裂面形成，或为破裂面折断所致，方向不一。

　　（1）Ⅰ型　4 件。

　　2012GQ：03，长 54.88、宽 38.28、厚 11.72 毫米，重 25.42 克。素台面，破裂面特征明显，右侧边折断，背面为少量石片和一个与破裂面方向不同的片疤。（图 2-47，1；图 2-48，1）

　　2012GQ Ⅱ T27：12，长 45.08、宽 53.94、厚 8.98 毫米，重 19.83 克。素台面，破裂面特征明显，右侧边折断，背面为少量石皮和两个方向不同的片疤。（图 2-47，2；图 2-48，3）

　　（2）Ⅱ型　8 件。

　　2012GQ Ⅱ T21：4，长 37.06、宽 24、厚 10.78 毫米，重 7.24 克。素台面，破裂面特征明显，左侧边折断，背面可见少量石皮和两个方向不同的片疤。（图 2-47，9）

　　（3）Ⅲ型　2 件。

　　2012GQ Ⅱ T27：35，长 39.72、宽 19.62、厚 6.78 毫米，重 4.37 克。素台面，破裂面特征明显，远端折断，背面为三个方向不同的片疤。

　　（4）Ⅳ型　68 件。

　　2012GQ Ⅱ T27：7，长 39.86、宽 37.18、厚 6.44 毫米，重 8.7 克。素台面，破裂面特征明显，

右侧边和远端均折断，背面为与破裂面方向不同的片疤。（图2-47，3）

2012GQⅢT8：3，长45.22、宽59.48、厚10.18毫米，重22.56克。素台面，破裂面特征明显，周缘均有折断，背面为少量石皮和两个方向不同的片疤，边缘可见少量小崩疤。（图2-47，5）

2012GQⅡT27：8，长37.86、宽42.66、厚6.92毫米，重11.44克。素台面，破裂面特征明显，周缘均折断，背面为两个方向不同的片疤。（图2-47，6）

2012GQⅣT11：3，长30.78、宽28.44、厚9.42毫米，重13.29克。素台面，破裂面特征明显，两侧边均折断，背面为三个方向不同的片疤。

2012GQⅠT4：3，长41.66、宽32.78、厚12.06毫米，重13.28克。素台面，破裂面特征明显，周缘均折断，背面为少量石皮和三个方向不同的片疤。

2012GQⅡT27：1，长22.38、宽50.14、厚10.42毫米，重12.83克。素台面，破裂面特征明显，周缘均折断，背面为少量石皮和因破裂面周缘折断所致的片疤。

2. 完整石片

共6件，占地表采集石制品的1.79%，占地表采集废片类的1.88%。包括Ⅱ型1件、Ⅴ型3件、Ⅵ型2件。

根据测量，完整石片长24.22~56.18毫米，平均值39.003毫米；宽19.22~42.58毫米，平均值29.025毫米；厚4.52~18.04毫米，平均值9.465毫米；重2.25~25.19克，平均值12.068克。（见附表八）

（1）Ⅱ型 1件。

2012GQ：05，长40.58、宽42.58、厚18.04毫米，重25.19克。自然台面，破裂面特征明显，周缘完整，背面为部分石皮和一个与破裂面方向不同的片疤。（图2-49，1）

（2）Ⅴ型 3件。

2012GQⅡT27：3，长42.68、宽24.12、厚7.94毫米，重6.76克。素台面，破裂面特征明显，周缘基本完整，背面为大部分石皮和一个与破裂面方向相同的片疤。（图2-49，2）

2012GQⅣT13：1，长56.18、宽34.22、厚9.12毫米，重24克。素台面，破裂面特征明显，周缘基本完整，有少量小崩疤。背面为部分破和一个与破裂面方向不同的片疤。（图2-49，3）

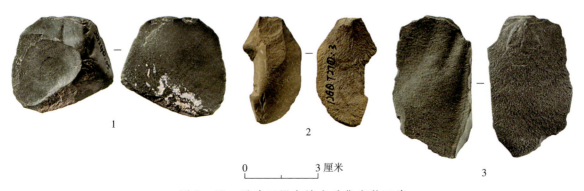

0   3厘米

图2-49 尕琼石器点地表采集完整石片

Ⅱ型：1. 2012GQ：05 Ⅴ型：2. 2012GQⅡT27：3 3. 2012GQⅣT13：1

（3）Ⅵ型　2件。

2012GQⅣT15：3，长29.22、宽22.94、厚6.66毫米，重4.57克。素台面，破裂面特征明显，周缘完整，背面为两个方向不同的片疤。

3. 残片

共50件。背面可见石皮的残片共4件，占8%。根据测量，该地点采集残片长9.12～221.64毫米，平均值31.270毫米；宽10～58.12毫米，平均值25.324毫米；厚2.86～22.16毫米，平均值7.158毫米；重0.62～56.67克，平均值5.746克。（见附表八）

4. 细石叶

共44件，占地表采集石制品的13.13%，占地表采集废片类的13.79%。包括细石叶近端19件、细石叶中段21件、细石叶远端4件。（图2－50）

图2－50　尕琼石器点地表采集细石叶

近端：1.2012GQ：09　2.2012GQ：016　3.2012GQⅡT27：16　4.2012GQ：022　5.2012GQ：020　6.2012GQⅡT27：29　7.2012GQⅡT27：27　中段：8.2012GQ：06　9.2012GQ：039　10.2012GQ：033　11.2012GQ：01　12.2012GQ：029　13.2012GQⅡT21：20　远端：14.2012GQⅠT7：9

（1）细石叶近端　19件。

根据测量，细石叶近端长7.88～25.42毫米，平均值15.742毫米；宽4.68～8.54毫米，平均值6.784毫米；厚1～4.88毫米，平均值2.201毫米；重0.06～0.57克，平均值0.257克。（见附表九）

2012GQⅡT20：7，长22.94、宽4.72、厚2.12毫米，重0.25克。背面可见2条棱脊。两边平行，侧缘薄锐，无使用痕迹。

2012GQⅡT27：9，长12.78、宽7.24、厚1.88毫米，重0.19克。背面可见1条细石叶阴痕，宽3.28毫米。两边平行，侧缘薄锐，无使用痕迹。

2012GQⅡT27：2，长16.98、宽4.68、厚1.54毫米，重0.18克。背面可见2条细石叶阴痕。侧缘薄锐，无使用痕迹。

（2）细石叶中段　21件。

根据测量，细石叶中段长5.38～20.82毫米，平均值12.977毫米；宽4.68～10.18毫米，平均值6.719毫米；厚0.98～3.08毫米，平均值1.843毫米；重0.05～0.43克，平均值0.203克。（见附表九）

2012GQⅡT27：17，长15.18、宽5.72、厚2.56毫米，重0.28克。背面可见3条棱脊。两边平行，侧缘薄锐，无使用痕迹。

2012GQⅠT7：8，长15.48、宽6.38、厚1.28毫米，重0.17克。背面可见2条棱脊。两边平行，侧缘薄锐，无使用痕迹。

2012GQⅢT4：4，长11.74、宽5.68、厚1.98毫米，重0.19克。背面可见2条棱脊。两边平行，侧缘薄锐，无使用痕迹。

2012GQⅠT1：1，长14.38、宽5.28、厚1.32毫米，重0.13克。背面可见2条棱脊。两边平行，侧缘薄锐，无使用痕迹。

（3）细石叶远端 4件。

根据测量，细石叶远端长10.58~32.18毫米，平均值19.837毫米；宽5.32~6.8毫米，平均值6.257毫米；厚1.82~4.32毫米，平均值3.213毫米；重0.15~0.71克，平均值0.415克。（见附表九）

2012GQⅡT31：1，长20.5、宽6.78、厚4.32毫米，重0.61克。背面可见3条棱脊。两边内收，略向下弯曲，侧缘薄锐，无使用痕迹。

2012GQⅠT11：7，长32.18、宽6.8、厚3.66毫米，重0.71克。背面可见1条棱脊，棱脊处可见修整痕迹。两边内收，略向下弯曲，侧缘薄锐，无使用痕迹。

5. 断块

共20件。根据测量数据，该地点地表采集断块长16.44~49.78毫米，平均值27.374毫米；宽7.06~55.22毫米，平均值22.218毫米；厚2.82~38.26毫米，平均值10.170毫米；重0.49~102.94克，平均值12.890克。（见附表八）

二、石核类

包括单台面石片石核1件、石片石核断块1件、细石核5件。

1. 石片石核

1件。为单台面石核。

2012GQⅣT2：2，长64.72、宽71.28、厚46.26毫米，重300.99克。片疤台面，台面长67.72、宽44.98毫米。可见3个向下的片疤，片疤特征明显。石皮覆盖率超过50%。（图2-51，1）

2. 细石核

共5件。

（1）预制阶段的楔形细石核 2件。

2012GQⅣT17：1，长35.2、宽33.7、厚15.6毫米，重20.51克。毛坯为厚石片，石核右侧面石片特征明显。台面呈三角形，长35、宽14.6毫米。台面和楔状缘均未修整，未剥取细石叶。（图2-51，2）

（2）剥片阶段的楔形细石核 1件。

2012GQⅠT5：3，长36.1、宽25.8、厚18.8毫米，重18.35克。毛坯不可辨。台面未修整，呈三角形，长27.7、宽19.5毫米。台面沿作业面向楔状缘方向更新。作业面可见6条细石叶阴

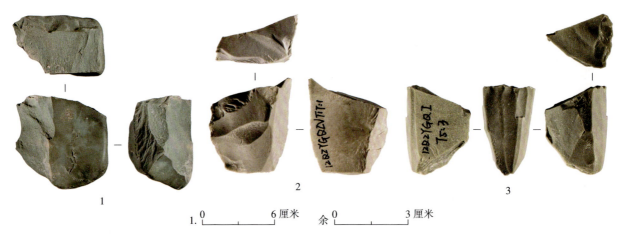

图 2 – 51　尕琼石器点地表采集石核

石片石核：1. 2012GQⅣT2：2　预制阶段细石核：2. 2012GQⅣT17：1　剥片阶段细石核：3. 2012GQⅠT5：3

痕，均不完整。（图 2 – 51，3）

（3）耗竭阶段的细石核　1 件。

2012GQⅣT10：3，长 22. 18、宽 13. 44、厚 7. 06 毫米，重 2. 28 克。毛坯为石片。核体可见 2 条细石叶阴痕，楔状缘完整，因核体过小而废弃。

（4）细石核断块　1 件。

2012GQⅣT11：2，长 28. 2、宽 31. 3、厚 12. 9 毫米，重 14. 32 克。因台面修整失败导致石核折断。

三、工具类

共 9 件，可见边刮器 5 件和端刮器 4 件。毛坯均为石片，在石片远端或侧边可见明显的二次加工痕迹，部分刮削器多条边缘均有加工痕迹。

根据测量数据，刮削器长 11. 48 ~ 88. 64 毫米，平均值 58. 124 毫米；宽 25. 14 ~ 80. 72 毫米，平均值 50. 178 毫米；厚 5. 06 ~ 24. 96 毫米，平均值 15. 593 毫米；重 1. 75 ~ 103. 89 克，平均值 57. 087 克。（见附表八）

2012GQ：010，长 11. 48、宽 25. 14、厚 5. 06 毫米，重 1. 75 克。毛坯为破碎石片。素台面，破裂面特征明显，背面为石皮和少量崩疤。修理部位为石片右侧边和远端，沿破裂面向背面单向加工，修疤浅平、连续。（图 2 – 52，1）

2012GQ：07，长 78. 62、宽 34. 48、厚 13. 76 毫米，重 51. 08 克。毛坯为残片。修理部位为残片侧边和近台面处，沿破裂面向背面单向加工出鱼鳞状修疤。（图 2 – 52，2）

2012GQⅢ采：1，长 60. 52、宽 36. 68、厚 12. 64 毫米，重 29. 65 克。毛坯为破碎石片。素台面，石片特征明显，背面为石皮和与破裂面方向不同的片疤。修理部位为石片右侧边，沿背面向破裂面单向加工出连续、浅平的修疤。

2012GQⅣT9：1，长 88. 64、宽 49. 22、厚 12. 86 毫米，重 68. 6 克。毛坯为长石片。自然台面，破裂面特征明显，背面为石皮和一个与破裂面方向相同的片疤。修理部位为长石片左侧边，沿背面向破裂面单向加工出浅平的鱼鳞状修疤。（图 2 – 52，5）

0 ————— 4厘米

图 2 - 52　尕琼石器点地表采集工具

边刮器：1. 2012GQ：010　2. 2012GQ：07　5. 2012GQⅣT9：1　端刮器：3. 2012GQT16：2　4. 2012GQ：08

第六节　尕达石器点

尕达石器点（33°49′46″N，96°2′30″E）位于登额曲入通天河口处右岸的一级台地上，海拔4023.6 米。距通天河约 30 米，距山脚约 150 米。台地自西向东略有倾斜，在河边形成断崖。靠近通天河的部分地表多被浅黄色河沙覆盖，厚度约为 30~40 厘米，河沙覆盖处草皮较少，暴露出较多石器，离河较远处草皮保存较多，基本未见石器。遗址范围较大，零星散见石器的范围约南北400 米，东西 80 米。

本次采集的地点位于石器比较集中处，约南北 40 米，东西 20 米。该石器点共布 1 米×1 米的探方 19 个，采集石制品 52 件，其中废片类 46 件、石核类 4 件、工具类 2 件。（表 5）

表 5　尕达石器点地表采集石制品分类统计表

石制品类型		数量
废片类 （46）	断块	5
	碎屑	17
	残片	14

石制品类型			数量
废片类 （46）	破碎石片 （9）	Ⅱ型	3
		Ⅳ型	6
	完整石片（1）	Ⅲ型	1
石核类 （4）	石片石核		3
	预制阶段的楔形细石核		1
工具类（2）			2
合计			52

一、废片类

1. 破碎石片

共 9 件，占地表采集石制品的 17.31%，占废片类的 19.57%。包括Ⅱ型 3 件、Ⅳ型 6 件。

根据测量，破碎石片长 19.88 ~ 45.22 毫米，平均值 28.593 毫米；宽 16.48 ~ 46.62 毫米，平均值 27.351 毫米；厚 3.48 ~ 12.36 毫米，平均值 7.913 毫米；重 1.52 ~ 18.56 克，平均值 7.747克。（见附表一〇）

根据观察，该地点破碎石片自然台面的共 5 件，4 件为素台面；片疤背面的有 6 件，自然背面的有 2 件，1 件为部分片疤和部分石皮面；7 件背面片疤与破裂面方向不同。

（1）Ⅱ型　3 件。

2012GDT4：1，长 21.78、宽 30.6、厚 7.56 毫米，重 8.44 克。自然台面，破裂面特征明显，左侧边折断，背面为两个与破裂面方向不同的片疤。（图 2 - 53，1）

（2）Ⅳ型　6 件。

2012GDT15：1，长 45.22、宽 46.62、厚 12.36 毫米，重 18.56 克。素台面，破裂面特征明显，周缘均有折断，背面为少量石皮和两个方向不同的片疤。（图 2 - 53，4）

2. 完整石片

1 件。为Ⅲ型。

2012GDT7：1，长 22.42、宽 22.36、厚 7.84 毫米，重 4.63 克。自然台面，破裂面特征明显，周缘完整，背面为两个方向不同的片疤。（图 2 - 53，2）

二、石核类

共 4 件。包括多台面石片石核 1 件、石片石核断块 2 件和预制阶段的楔形细石核 1 件。

1. 石片石核

1 件。2012GD 采：2，多台面石核。长 145.3、宽 103.2、厚 75.8 毫米，重 1369 克。石核毛坯为砾石石块，保留大量石皮。石核表面风化。三组剥片，前两组剥片台面被破坏，共 9 个剥片；最后一组剥片为自然台面，可见 4 个剥片。（图 2 - 54，1）

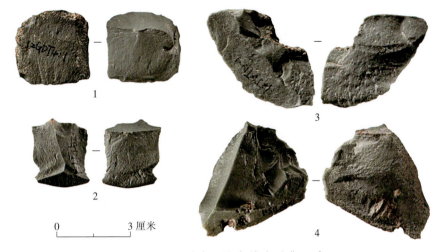

图 2 - 53　尕达石器点地表采集石片

破碎石片：1. 2012GDT4∶1　3. 2012GDT11∶1　4. 2012GDT15∶1　完整石片：2. 2012GDT7∶1

图 2 - 54　尕达石器点地表采集石核与工具

石片石核：1. 2012GD 采∶2　预制阶段细石核：2. 2012GDT10∶2　端刮器：3. 2012GD 采∶1

2. 石核断块

共 2 件。2012GDT13∶1，长 84.26、宽 46.18、厚 38.12 毫米，重 129.27 克。残留剥片 2 个。石核另一端折断，保留部分石皮。

3. 预制阶段的楔形细石核

1 件。2012GDT10∶2，长 53.24、宽 27.16、厚 35.2 毫米，重 57.76 克。毛坯不可辨。台面残，可见台面修整痕迹，沿周缘向内。作业面可见 1 个沿台面向下的片疤。少量石皮。（图 2 - 54，2）

三、工具类

共 2 件。

2012GD 采：1，长 95.42、宽 70.48、厚 39.62 毫米，重 278.51 克。毛坯为砾石石块，保留部分石皮。修理部位为石块周缘，先打下较大片疤进行减薄，再双向打下细小、浅平的修疤。（图 2－54，3）

2012GDT16：2，长 95.42、宽 70.48、厚 39.62 毫米，重 278.51 克。毛坯为破碎石片，石片特征明显，背面保留少量石皮。修理部位为石片右侧边和远端，沿背面向破裂面单向修整出浅平的修疤。

第七节　普卡巴玛石器点

普卡巴玛石器点（33°44′33″N，95°56′23″E）位于调查河段中部左岸的一级台地上，距河床约 5 米，海拔 4090.8 米。台地自西向东倾斜呈坡状，倾斜角度较小，台面与河面的相对高差为 4 米。遗址西侧为山地，距山脚 200 余米。台地上草皮被破坏处露出黄色沙性土壤，厚度约为 40～50 厘米。遗址南北长 15 米，东西宽约 10 米。

该石器点共采集石制品 48 件，其中废片类 42 件、石核类 5 件、工具类 1 件。（表 6）

表 6　普卡巴玛石器点地表采集石制品分类统计表

石制品类型			数量
废片类（42）	断块		6
	碎屑		3
	残片		18
	破碎石片（14）	Ⅱ型	1
		Ⅲ型	1
		Ⅳ型	12
	完整石片（1）	Ⅱ型	1
石核类（5）	石片石核		3
	楔形细石核	预制阶段	1
		剥片阶段	1
工具类（1）			1
合计			48

一、废片类

1. 破碎石片

共 14 件，占地表采集所有石制品的 29.17%，占地表采集废片类的 33.33%。包括Ⅱ型 1 件、Ⅲ型 1 件、Ⅳ型 12 件，不见Ⅰ型破碎石片。根据测量，破碎石片长 17.22～73 毫米，平均值 37.351 毫米；宽 23.62～74.14 毫米，平均值 40.615 毫米；厚 7.42～16.52 毫米，平均值 11.688

毫米；重6.4~41.49克，平均值18.008克。（附表一一）

根据观察，破碎石片台面以素台面为主，共12件，占破碎石片的85.71%；自然台面2件。破碎石片背面以片疤背面为主，共12件；2件为部分片疤、部分石皮面。背面片疤与破裂面方向均不相同。

（1）Ⅱ型 1件。

2013PK采：18，长29.62、宽37.54、厚10.22毫米，重14.02克。素台面，破裂面特征明显，左侧边折断，远端有零星小崩疤，背面为少量石皮和方向不同的片疤。（图2-55，5）

（2）Ⅲ型 1件。

2012PK采：3，长47.98、宽45.82、厚14.82毫米，重41.49克。素台面，破裂面特征明显，远端折断，背面为方向不同的两个片疤和少量石皮。（图2-55，6）

（3）Ⅳ型 12件。

2013PK：14，长47.88、宽37.76、厚15毫米，重28.88克。素台面，破裂面特征明显，周缘均折断，背面为方向不同的片疤。（图2-55，1）

2013PK：15，长47.92、宽37.72、厚16.6毫米，重31.21克。自然台面，破裂面特征明显，周缘均有折断，背面为方向不同的片疤。（图2-55，2）

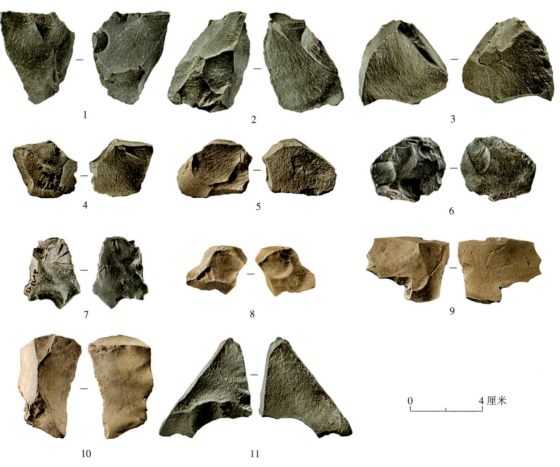

图2-55 普卡巴玛石器点地表采集破碎石片、残片

破碎石片：1. 2013PK：14 2. 2013PK：15 3. 2012PK：8 4. 2012PK采：6 5. 2013PK采：18 6. 2012PK采：3
7. 2012PK：4 8. 2012PK：19 残片：9. 2012PK采：25 10. 2012PK：22 11. 2012PK：18

2012PK：19，长 37.36、宽 31.22、厚 9.62 毫米，重 15.45 克。素台面，破裂面特征明显，周缘均折断，背面为少量石皮和两个方向不同的片疤。（图 2－55，8）

2012PK 采：3，长 33.12、宽 41.44、厚 9.58 毫米，重 15.45 克。素台面，破裂面特征明显，周缘均有折断的小崩疤，背面为方向不同的片疤。（图 2－55，6）

2. 完整石片

1 件。为 Ⅱ 型。

2013PK 采：25，长 54.78、宽 70.66、厚 28.12 毫米，重 93.38 克。自然台面，破裂面特征明显，周缘完整，背面为部分石皮和方向不同的片疤。

3. 残片

共 18 件，占该地点所有石制品的 37.5%，占该地点废片类的 42.86%。根据测量，残片长 16.42～50.96 毫米，平均值 32.079 毫米；宽 9.52～41.66 毫米，平均值 25.24 毫米；厚 3.32～18.16 毫米，平均值 9.042 毫米；重 2.15～20.46 克，平均值 10.159 克。（见附表一一；图 2－55，9～11）

二、石核类

共 5 件，其中石片石核 3 件、细石核 2 件（预制阶段的楔形细石核和剥片阶段的楔形细石核各 1 件）。

1. 石片石核

3 件。均为双台面石核。

2013PK 采：13，长 100.94、宽 100.64、厚 34.28 毫米，重 435.9 克。第一组台面被破坏，仅 1 个剥片片疤，第二组剥片的台面为第一组剥片的剥片面，可见 4 个剥片。

2013PK 采：3，长 153.34、宽 94.86、厚 57.78 毫米，重 1047.84 克。第一组剥片为片疤台面，剥片面可见 3 个片疤，第二组剥片为自然台面，可见 2 个剥片。

2. 预制阶段的楔形细石核

1 件。2012PK 采：2，长 42.83、宽 46.92、厚 20.72 毫米，重 41.73 克。毛坯不可辨。台面呈四边形，长 50.64、宽 19.52 毫米，未修整。楔状缘为两面修整。作业面尚未剥取细石叶。（图 2－56，2）

3. 剥片阶段的楔形细石核

1 件。2012PK 采：1，长 28.74、宽 19.14、厚 11.82 毫米，重 9.95 克。毛坯为石片，石核右侧面可见明显的石片特征。台面为原石片的远端，未修整，长 20.86、宽 10.2 毫米。右侧边为作业面，可见 4 条细石叶阴痕，完整的一条长 19.42、宽 3.74 毫米。楔状缘调整失败，细石核废弃。（图 2－56，3）

三、工具类

1 件。2012PK 采：7，长 54、宽 33、厚 9 毫米，重 24.2 克。毛坯为破碎石片。修理部位为石片左侧边，方向为沿破裂面向背面修整，可见连续、浅平的细小修疤。右侧边可见使用痕迹。（图 2－56，1）

图 2－56　普卡巴玛石器点地表采集工具与细石核

边刮器：1. 2012PK 采：7　预制阶段细石核：2. 2012PK 采：2　剥片阶段细石核：3. 2012PK 采：1

第八节　结吉多石器点

结吉多石器点（33°46′5″N，95°58′35″E），海拔为 4068.2 米。西距登额曲约 5 米，向西隔河与尕琼石器点相望，二者之间直线距离约 20 米；向东北亦隔河与章齐达石器点相呼应，二者之间直线距离约 150 米。由于草皮被取土破坏，黄土层暴露，厚约 40 厘米，目前发现的细石器多散落于这些暴露的黄土之上。其范围约东西长 10 米，南北宽 20 米，面积约 200 平方米。共布 1 米×1 米的探方 11 个，地表采集石制品 38 件，全部为废片类。（表 7）

表 7　结吉多石器点地表采集石制品分类统计表

石制品类型			数量
废片类（38）	断块		1
	碎屑		5
	残片		9
	长石片		2
	破碎石片（12）	Ⅰ型	1
		Ⅱ型	1
		Ⅲ型	2
		Ⅳ型	8
	细石叶（4）	近端	1
		中段	3
	完整石片（5）	Ⅳ型	2
		Ⅴ型	3
合计			38

1. 长石片

共 2 件，占地表采集石制品的 5.26%。

2012JJDT2：2，长 41.4、宽 16.64、厚 11.94 毫米，重 8.03 克。鸡冠状，腹面为特征明显的石片疤，背面可见一条棱脊，棱脊两侧可见小疤。

2. 破碎石片

共 12 件，占地表采集石制品的 31.58%。包括 Ⅰ 型 1 件、Ⅱ 型 1 件、Ⅲ 型 2 件、Ⅳ 型 8 件。

该地点破碎石片皆为素台面，片疤背面的有 10 件，9 件背面片疤方向与破裂面方向不同。根据测量，破碎石片长 14~47.14 毫米，平均值 27.523 毫米；宽 10.84~42.44 毫米，平均值 25.029 毫米；厚 1.72~17.04 毫米，平均值 7.757 毫米；重 1.08~21.18 克，平均值 6.911 克。（见附表一二）

（1）Ⅰ 型 1 件。

2012JJD：010，长 16.14、宽 10.84、厚 5.88 毫米，重 1.17 克。素台面，破裂面特征明显，右侧边折断，背面为方向不同的片疤。

（2）Ⅱ 型 1 件。

2012JJDT1：3，长 21.24、宽 42.44、厚 7.24 毫米，重 7.35 克。素台面，破裂面特征明显，左侧边折断，背面为一个与破裂面方向不同的片疤。（图 2 - 57，8）

（3）Ⅲ 型 2 件。

2012JJDT10：1，长 47.14、宽 29.1、厚 17.04 毫米，重 21.18 克。素台面，破裂面特征明显，左侧边为石皮，远端折断，背面为一个与破裂面方向不同的片疤。（图 2 - 57，2）

（4）Ⅳ 型 8 件。

2012JJDT6：1，长 20.72、宽 29.64、厚 7 毫米，重 6.28 克。素台面，破裂面特征明显，周缘均有折断，背面全部为石皮。

2012JJDT9：1，长 30.38、宽 20.1、厚 8.12 毫米，重 5.41 克。素台面，破裂面特征明显，右侧边折断，左侧边和远端均为折断的小疤，背面为一个与破裂面方向相同的片疤。（图 2 - 57，5）

3. 细石叶

共 4 件，仅有细石叶近端 1 件和细石叶中段 3 件，占地表采集石制品的 10.53%。

（1）细石叶近端 1 件。

2012JJD：02，长 11、宽 5.46、厚 1.34 毫米，重 0.08 克。台面可见，背面可见 2 条棱脊。两边基本平行，侧缘薄锐。

（2）细石叶中段 3 件。

2012JJDT3：1，长 6.68、宽 5.52、厚 1.1 毫米，重 0.07 克。背面 2 条棱脊。两边平行，侧缘薄锐。

4. 完整石片

共 5 件，占地表采集石制品的 13.16%。该地点仅见完整石片 Ⅳ 型 2 件、Ⅴ 型 3 件。

（1）Ⅳ 型 2 件。

2012JJD 采：4，长 30.68、宽 39.54、厚 7.88 毫米，重 9.04 克。素台面，破裂面特征明显，周缘完整，背面全部为石皮。

（2）Ⅴ 型 3 件。

2012JJD：05，长 20.92、宽 19.44、厚 6.64 毫米，重 2.79 克。素台面，破裂面特征明显，周缘完整，背面为部分石皮和一个与破裂面方向不同的片疤。（图 2 - 57，1）

2012JJD 采：3，长 69.54、宽 35.1、厚 13.28 毫米，重 30.82 克。素台面，破裂面特征明显，周缘基本完整，有少量小崩疤，背面为部分石皮和三个方向不同的片疤。

图 2-57 结吉多石器点地表采集石片

完整石片：Ⅴ型：1. 2012JJD：05 破碎石片：Ⅱ型：8. 2012JJDT1：3 Ⅲ型：2. 2012JJDT10：1
Ⅳ型：3. 2012JJD：04 4. 2012JJD：011 5. 2012JJDT9：1 6. 2012JJDT8：1 7. 2012JJDT5：1

第九节 古沃达石器点

古沃达石器点（33°43′37″N，95°55′37″E）地处登额曲右岸的一级台地上，海拔 4106.5 米。距离河床约 5 米，台地表面较为平整开阔，与河面的高差约 5 米。遗址南、北均为平缓台地，东侧邻山，距离山脚约 50 米。

2012 年调查时共布 1 米×1 米的探方 3 个，采集石制品 15 件，其中废片类 11 件、石核类 3 件、工具类 1 件。（表 8）

表 8 古沃达石器点地表采集石制品分类统计表

石制品类型			数量
废片类 （11）	碎屑		3
	残片		3
	破碎石片 （3）	Ⅰ型	1
		Ⅳ型	2
	细石叶	中段	2
石核类（3）	楔形细石核	剥片阶段	3
工具类（1）			1
合计			15

一、废片类

1. 破碎石片

共3件，占地表采集石制品的20%，占废片类的27.27%。该石器点仅见Ⅰ型1件、Ⅳ型2件。均为素台面。2件背面为自然石皮，1件为片疤背面。

（1）Ⅰ型 1件。

2012GWDT3：5，长24.84、宽23.24、厚11毫米，重7.18克。素台面，破裂面特征明显，右侧边折断，背面全部为石皮。（图2-58，5）

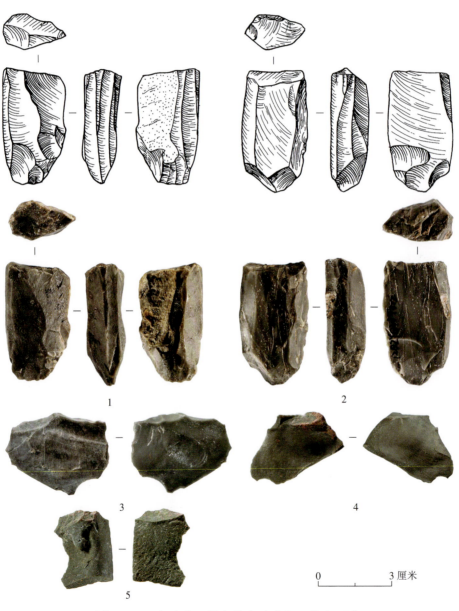

0   3厘米

图2-58 古沃达石器点地表采集细石核与石片

剥片阶段细石核：1. 2012GWD：2   2. 2012GWDT3：2

破碎石片：3. 2012GWDT3：1   4. 2012GWD：5   5. 2012GWDT3：5

（2）Ⅳ型 2件。

2012GWDT3：1，长 26.58、宽 39.04、厚 10 毫米，重 9.88 克。素台面，破裂面特征明显，周缘均有折断，背面全部为石皮。（图 2 - 58，3）

2. 细石叶

共 2 件，均为细石叶中段。

2012GWDT3：3，长 11.18、宽 7.56、厚 3.54 毫米，重 0.39 克。两端均折断，两边平行。

二、石核类

共 3 件。均为剥片阶段的楔形细石核。

2012GWDT3：2，长 47、宽 26.2、厚 15.8 毫米，重 22.51 克。毛坯不明。台面沿周缘向内修整，长 26、宽 15.4 毫米。作业面可见 4 条细石叶阴痕，均不完整。作业面更新为沿底缘向作业面方向调整。（图 2 - 58，2）

三、工具类

刮削器 1 件。

2012GWDT1：3，长 51、宽 27、厚 12.38 毫米，重 16.96 克。毛坯为破碎石片。

第十节 香热西科石器点

香热西科石器点（33°47′13″N，96°00′47″）位于调查河段左岸的二级台地上，南距登额曲约 60 米，海拔 4000.49 米。

该石器点共采集石制品 16 件，其中 2012 年调查时发现石制品 11 件，2015 年复查时采集石制品 5 件。（表 9）

表 9 香热西科石器点地表采集石制品分类统计表

石制品类型			2012 年	2015 年	总计
废片类 （13）	断块		2	1	3
	残片		3	2	5
	破碎石片 （4）	Ⅰ型	1	0	1
		Ⅳ型	2	1	3
	完整石片	Ⅴ型	1	0	1
石核类（1）	断块		1	0	1
工具类（2）			1	1	2
合计			11	5	16

一、废片类

1. 破碎石片

共4件，占地表采集石制品的25%，占废片类的30.77%。仅见Ⅰ型和Ⅳ型破碎石片。其中1件为自然台面，其余均为素台面；4件均为片疤背面。

根据测量和统计，该地点破碎石片长31.8~48.6毫米，平均值40.704毫米；宽44.94~58.26毫米，平均值50.88毫米；厚16.8~19.22毫米，平均值18.152毫米；重18.6~57克，平均值35.358克。（见附表一三）

（1）Ⅰ型　1件。

2012XR采：2，长42.72、宽58.26、厚19.72毫米，重57克。自然台面，破裂面特征明显，右侧边折断，背面为不同方向的片疤。（图2-59，1）

（2）Ⅳ型　3件。

2015XR：04，长24.42、宽45.54、厚7.66毫米，重7.32克。素台面，破裂面特征明显，周缘均折断，背面为两个方向不同的片疤。（图2-59，2）

2012XR采：6，长31.8、宽44.94、厚17.72毫米，重18.6克。素台面，破裂面特征明显，周缘均折断，背面为与破裂面方向不同的片疤。（图2-59，3）

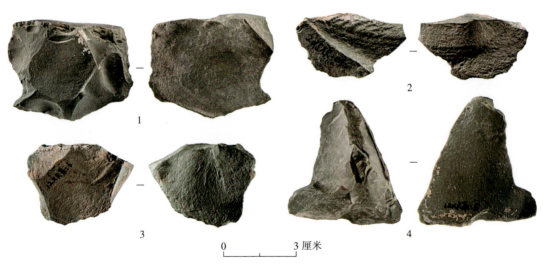

图2-59　香热西科石器点地表采集破碎石片
Ⅰ型：1.2012XR采：2　Ⅳ型：2.2015XR：04　3.2012XR采：6　4.2012XR采：5

2. 完整石片

1件。2012XR采：11，长19.24、宽31.04、厚8.06毫米，重3.8克。素台面，破裂面特征明显，周缘基本完整，背面为少量石皮和部分片疤。

3. 残片

共5件。有2件背面为自然砾石面，其余均为片疤背面。根据测量和统计，该地点表采集残片长21.58~60.7毫米，平均值41.460毫米；宽23.34~40.38毫米，平均值33.349毫米；厚5.58~14.5毫米，平均值10.726毫米；重3.41~20.66克，平均值13.117克。（见附表一三）

二、石核类

石核断块　1件。

2012XR 采：9，长 59.8、宽 59.7、厚 18.44 毫米，重 82.7 克。残存剥片 6 个，保留大量石皮。

三、工具类

共 2 件。

2012XR 采：8，长 30.46、宽 38.14、厚 10.78 毫米，重 15.5 克。毛坯为破碎石片。修理部位为破裂面左侧边，从石片背面向破裂面方向单向加工，背面保留大量石皮。

第十一节　章齐达石器点

章齐达石器点（33°46′8″ N，95°58′51″E）位于调查河段左岸的一级台地上，海拔 4051 米。台地自北向南倾斜呈坡状，倾斜角度较小。遗址西侧为断崖，向下即为河漫滩，距河 30 米。

2012 年调查时共布 1 米 ×1 米探方 12 个，发现石制品 12 件，其中废片类 8 件、石核类 1 件、工具类 3 件。（表 10）

表 10　章齐达石器点地表采集石制品分类统计表

石制品类型			数量
废片类 （8）	长石片		1
	破碎石片 （5）	Ⅲ型	1
		Ⅳ型	4
	细石叶	中段	1
	完整石片	Ⅳ型	1
石核类（1）	楔形细石核	耗竭阶段	1
工具类（3）			3
合计			12

一、废片类

1. 长石片

1 件。2012ZQD 采：2，长 48.54、宽 28.68、厚 10.38 毫米，重 15.88 克。素台面，长条形，腹面为一特征明显的石片疤，右侧边有修疤，远端折断。背面为少量石皮和少量片疤。（图 2 - 60，3）

2. 破碎石片

共 5 件，占该地点地表采集石制品的 41.67%，占废片类的 62.5%。仅见Ⅲ型和Ⅳ型破碎石片。均为素台面，其中 1 件为自然背面，其余为片疤背面。（见附表一四）

根据测量，该地点破碎石片长 17.9 ～ 31.04 毫米，平均值 23.749 毫米；宽 11.48 ～ 37.68 毫米，平均值 26.540 毫米；厚 5.84 ～ 11.24 毫米，平均值 8.114 毫米；重 1.22 ～ 9.84 克，平均值 5.824 克。（见附表一四）

（1）Ⅲ型　1 件。

2012ZQDT3：3，长 20.6、宽 27.1、厚 7.86 毫米，重 3.97 克。素台面，破裂面特征明显，远端折断，背面为两个方向不同的片疤。（图 2 - 60，5）

（2）Ⅳ型　4 件。

2012ZQDT2：1，长 31.04、宽 37.68、厚 7.32 毫米，重 9.84 克。素台面，破裂面特征明显，周缘均折断，背面全部为石皮。（图 2 - 60，4）

3. 细石叶

1 件，为细石叶中段。2012ZQDT3：1，长 13.28、宽 6、厚 2.52 毫米，重 0.28 克。长条形，两侧边平行，背面 2 条棱脊。

4. 完整石片

1 件。为Ⅳ型。2012ZQDT1：1，长 33.84、宽 44.1、厚 10.3 毫米，重 17.78 克。素台面，破裂面特征明显，周缘基本完整，远端和左侧边有少量折断，不影响其最大尺寸。背面为大量石皮和少量小崩疤。

图 2 - 60　章齐达石器点地表采集石片

破碎石片：Ⅲ型：5. 2012ZQDT3：3　Ⅳ型：1. 2012ZQDT2：3　2. 2012ZQD 采：2　4. 2012ZQDT2：1　6. 2012ZQDT1：3

长石片：3. 2012ZQD 采：2

二、石核类

1 件。为耗竭阶段的楔形细石核。

2012ZQD 采：3，长 25.9、宽 6.92、厚 18.38 毫米，重 2.95 克。毛坯为石片，左侧面可见明

显的石片特征。台面呈四边形，长 17.72、宽 6.84 毫米。作业面可见 4 条细石叶阴痕，均不完整。楔状缘尚存。核体过小不能继续剥片。

三、工具类

共 3 件，其中 2 件为端刮器，1 件为边刮器。均以石片为毛坯。

2012ZQDT2：2，端刮器。长 28.1、宽 57.64、厚 7.96 毫米，重 13.56 克。毛坯为破碎石片。修理部位为石片远端，可见连续、浅平的修疤。

第十二节　撒通达石器点

撒通达石器点（33°43′16″N，95°55′39″E）位于调查河段左岸的一级台地上，海拔 4112.9 米。该地点以北 400 米为古沃达石器点。采集点距离河床约 2 米，西北邻山，距山脚约 50 米。台地自北向南倾斜呈坡状，倾斜角度较小。

该石器点 2012 年采集石制品 18 件，全部为废片类，其中残片 4 件、长石片 1 件、破碎石片 11 件、细石叶 2 件。（表 11；图 2 - 61）

表 11　撒通达石器点地表采集石制品分类统计表

石制品类型			数量
废片类（18）	残片		4
	长石片		1
	破碎石片（11）	Ⅰ型	1
		Ⅱ型	1
		Ⅲ型	1
		Ⅳ型	8
	细石叶（2）	近端	1
		中段	1
合计			18

1. 长石片

1 件。2012STD 采：4，长 56.3、宽 22.6、厚 12.9 毫米，重 17.62 克。长条形，腹面为一特征明显的石片疤，背面为少量石皮和部分片疤。（图 2 - 61，2）

2. 破碎石片

共 11 件，占地表采集石制品的 61.11%。其中Ⅰ型 1 件、Ⅱ型 1 件、Ⅲ型 1 件、Ⅳ型 8 件。

根据测量，破碎石片长 14.52 ~ 43.26 毫米，平均值 27.125 毫米；宽 23.68 ~ 54.64 毫米，平均值 35.911 毫米；厚 7.08 ~ 20.74 毫米，平均值 11.060 毫米；重 2.59 ~ 38.28 克，平均值 13.673

图 2-61 撒通达石器点地表采集石片

破碎石片：Ⅱ型：3.2012STD 采：7　Ⅳ型：1.2012STD 采：6　4.2012STD 采：5　长石片：2.2012STD 采：4
残片：5.2012STD 采：2　6.2012STD 采：3

克。（见附表一五）

（1）Ⅰ型　1 件。

2012STDT1：2，长 43.26、宽 54.64、厚 20.74 毫米，重 38.28 克。素台面，破裂面特征明显，右侧边有折断，背面为少量石皮和与破裂面方向不同的片疤。

（2）Ⅱ型　1 件。

2012STD 采：7，长 33.94、宽 30、厚 10.12 毫米，重 12.85 克。素台面，破裂面特征明显，左侧边折断，背面为一个与破裂面方向不同的片疤。（图 2-61，3）

（3）Ⅲ型　1 件。

2012STDT4：1，长 20.62、宽 32、厚 9.08 毫米，重 4.99 克。素台面，破裂面特征明显，远端折断，背面为少量石皮和一个与破裂面方向不同的片疤。

（4）Ⅳ型　8 件。

2012STD 采：5，长 21.48、宽 35.58、厚 8.54 毫米，重 8.81 克。素台面，破裂面特征明显，周缘均有折断，背面为两个方向不同的片疤。（图 2-61，4）

2012STD 采：6，长 28.68、宽 46.54、厚 11.28 毫米，重 18.66 克。素台面，破裂面特征明显，周缘均有折断，背面为方向不同的片疤。（图 2-61，1）

3. 残片

共 4 件。均为片疤背面。根据测量，该地点地表采集残片长 23.14～33.84 毫米，平均值 29.833 毫米；宽 18.58～35.5 毫米，平均值 28.355 毫米；厚 7.94～14.64 毫米，平均值 10.847 毫米；重 4.6～22.61 克，平均值 12.017 克。（见附表一五）

4. 细石叶

共 2 件，细石叶近端、细石叶中段各 1 件。

2012STD 采：8，细石叶近端。长 18.1、宽 3.84、厚 1.62 毫米，重 0.17 克。背面 3 条棱脊。两侧边基本平行，侧缘薄锐，无使用痕迹。

2012STDT6：1，细石叶中段。长9.72、宽5.72、厚1.92毫米，重0.15克。背面可见3条棱脊。两边平行，侧缘薄锐，无使用痕迹。

第十三节　白文卡石器点

白文卡石器点（33°40′20″N，95°52′2″E）位于调查河段左岸的一级台地上，距河床约500米，海拔4160.7米。石器点的西、北两侧邻山，距山脚约50米。遗址地表土层较薄，约为25厘米，地表散布着大量的碎石。

该石器点2012年调查时获得石制品14件，全部为废片类，其中断块2件、碎屑1件、残片1件、破碎石片9件、完整石片1件。（表12）

表12　白文卡石器点地表采集石制品分类统计表

石制品类型			数量
废片类（14）	断块		2
	碎屑		1
	残片		1
	破碎石片（9）	Ⅰ型	1
		Ⅱ型	2
		Ⅳ型	6
	完整石片	Ⅵ型	1
合计			14

1. 破碎石片

共9件，占地表采集石制品的64.29%。包括Ⅰ型1件、Ⅱ型2件、Ⅳ型6件。（图2-62）

该地点破碎石片均为素台面，有4件破碎石片背面可见石皮。

根据测量，破碎石片长27.48～51.18毫米，平均值40.785毫米；宽27.54～49.24毫米，平均值38.005毫米；厚8.74～14.32毫米，平均值11.498毫米；重11.88～27.16克，平均值18.895克。（见附表一六）

（1）Ⅰ型　1件。

2012BWK：09，长27.48、宽40.34、厚11.72毫米，重14.78克。素台面，破裂面特征明显，右侧边折断，远端可见零星小崩疤，背面为少量石皮和一个与破裂面方向相同的片疤。（图2-62，1）

（2）Ⅱ型　2件。

2012BWK：08，长37.5、宽27.3、厚13.21毫米，重13.28克。素台面，破裂面特征明显，左侧边折断，背面可见少量石皮。（图2-62，2）

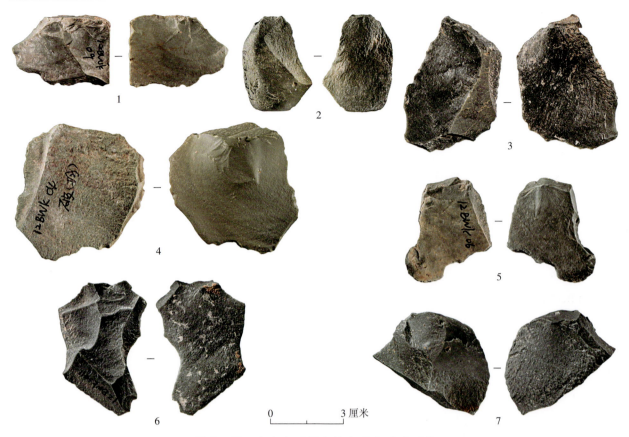

图 2 - 62　白文卡石器点地表采集破碎石片

Ⅰ型：1.2012BWK：09　Ⅱ型：2.2012BWK：08　Ⅳ型：3.2012BWK：02　4.2012BWK：04　5.2012BWK：06　6.2012BWK：011
7.2012BWK：013

（3）Ⅳ型　6件。

2012BWK：02，长45.1、宽39、厚12.72毫米，重26.28克。素台面，破裂面特征明显，周缘均有折断，背面为少量石皮和一个与破裂面方向不同的片疤。（图2-62，3）

2012BWK：04，长47.84、宽49.24、厚14.32毫米，重27.16克。素台面，破裂面特征明显，周缘均有折断的小崩疤，背面为自然节理面和一个破裂面折断而形成的片疤。（图2-62，4）

2012BWK：06，长41.02、宽29.72、厚8.74毫米，重11.88克。素台面，破裂面特征明显，右侧边折断，左侧边为少量小崩疤，背面为大部分石皮和两个方向不同的片疤。（图2-62，5）

2. 完整石片

1件。为Ⅵ型。2012BWK：012，长14.84、宽27、厚6.58毫米，重3.46克。素台面，破裂面特征明显，周缘完整，背面为三个方向不同的片疤。

第十四节　加秀给石器点

加秀给石器点（33°37′10″ N，95°58′20″ E）位于登额曲左岸的一级台地上，海拔4211.1米。距河床约30米，台地边缘为断崖，台面上比较平缓，距河面的相对高度约10米。石器点南侧为山，距山脚距离超过 500 米。

共发现石制品 4 件，其中 3 件为 Ⅳ 型破碎石片，1 件为断块。破碎石片均为素台面，背面均为片疤，不见石皮。

2012JXG：02，Ⅳ 型破碎石片。长 22.9、宽 39.56、厚 8.44 毫米，重 9.52 克。素台面，破裂面特征明显，两侧边均有折断，背面为两个方向不同的片疤。

2012JXG：03，Ⅳ 型破碎石片。长 23.76、宽 28.66、厚 5.54 毫米，重 4.18 克。素台面，破裂面特征明显，两侧边均有折断，背面为两个方向不同的片疤。

第十五节　拉得果姆石器点

拉得果姆石器点（33°43′60″ N，95°55′55″ E）位于调查河段的一级台地上，距河床约 3 米。台地自东向西倾斜呈坡状，倾斜角度很小。遗址南、北均为平缓台地，东侧靠山，距离山脚约 100 米，遗址西端即为台地边缘断坎，断坎下即为登额曲。台地表面到河面的高差约 4 米。

地表采集石制品 4 件，包括 1 件 Ⅳ 型破碎石片、1 件端刮器和 2 件残片。端刮器以石片为毛坯，正向加工。

2012LD 采：4，Ⅳ 型破碎石片。长 27.3、宽 18.92、厚 6.12 毫米，重 3.42 克。素台面，破裂面特征明显，周缘均有折断的小崩疤，背面为方向不同的片疤。

第三章 参雄尕朔遗址的发掘

第一节 地层堆积与年代

发掘区位于登额曲二级阶地前缘（图3-1），与河滩相对高差25~30米。发掘探方按1米×1米规格正南北方向布置，发掘过程中逐渐扩方，实际发掘面积约60平方米。共清理用火遗迹15处，获得石制品1712件，另发现有炭屑和少量动物骨骼。

一、地层堆积

发掘探方根据土质土色划分地层，共有6层。根据遗存分布情况，将遗址地层划分为2个文化层（Cultural Layer，简称CL）。第一文化层（CL1）对应第2、3层，第二文化层（CL2）对应

图3-1 参雄尕朔遗址发掘点位置示意图

第 5 层。（图 3 - 2）

第 1 层：表土层，结构疏松，夹杂大量植物根系，厚约 5 ~ 6. 2 厘米。采集石制品 174 件。

第 2 层：黄褐色细砂土，厚约 6. 2 ~ 15. 8 厘米。出土石制品 400 件，本层发现用火遗迹 3 处。

第 3 层：黄褐色细砂土，厚约 8 ~ 20. 6 厘米。出土石制品 3 件。

第 4 层：黄褐色细砂土，质地较坚硬，包含钙质结核，厚约 14 ~ 19. 4 厘米。未见石制品，未发现遗迹现象。

第 5 层：黑褐色细砂土，土质疏松，夹杂大量炭屑，厚约 0 ~ 10. 8 厘米。出土石制品 1135 件，发现用火遗迹 12 处，部分为结构性火塘。

第 6 层：红褐色细砂土，较纯净。未见石制品。

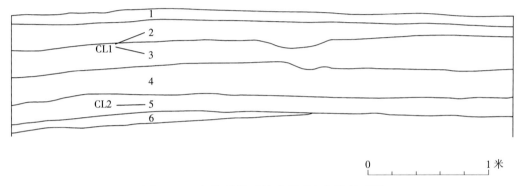

图 3 - 2　参雄尕朔遗址 I 区 T4 北壁剖面图

二、地层年代

参雄尕朔遗址虽然靠近河流，但在发掘过程中，文化堆积未见明显的聚集现象。遗址第一文化层中小于 20 毫米的石制品比例达到 51. 98%，根据 Schick、Petraglia 和 Potts 等的实验[1]，第一文化层仅受到轻微的后期扰动。而第二文化层中大量用火遗迹的发现，且与上文化层由钙质结核分离，这显示了遗址第二文化层为原生堆积，未经扰动。

此次发掘，以出土的炭屑和动物骨骼为标本进行了年代测定，共获得 4 个 AMS[14]C 数据（第一文化层和第二文化层分别得到 2 个年代数据），利用 OxCal 4. 3 软件和 IntCal 13 数据库进行校正（表 13）。第一文化层的一个测年样品为动物骨骼，其测年数据（即 6980 ± 40BP）早于第二文化层样品的测年数据，根据在发掘过程中的观察，遗址第一文化层虽然包含原生的用火遗迹，但仍可见大量啮齿类动物扰动的痕迹，估计该样品受到后期扰动，故将其剔除。所以遗址第一文化层的年代为距今 7265 ~ 7160 年，第二文化层的年代为距今 8171 ~ 7431 年。

[1]　Schick, K. D. , Experimentally Derived Criteria for Assessing Hydraulic Disturbance of Archaeological Sites; Petraglia, M. D. , Potts, R. , The Impact of Fluvial Processes on Experimental Sites, In: Nash, D. T. , Petraglia, M. D. (eds) , Natural Formation Process and the Archaeological Record, BAR, *International Series*, 1987, Oxford.

表 13　参雄尕朔遗址碳十四年代数据表

实验室编号	层位	样品类型	碳十四年代（BP）	校正年代（BP，2σ）
Beta – 433165	②	骨头	6270 ± 30	7265 ~ 7160
Beta – 433164	③	骨头	6980 ± 40	7930 ~ 7702
Beta – 376410	⑤	炭屑	6590 ± 30	7564 ~ 7431
Beta – 376411	⑤	炭屑	7290 ± 30	8171 ~ 8025

第二节　出土遗物

共出土石制品 1712 件（表 14），其中表土层 174 件，第一文化层 403 件，分布相对分散（图 3 – 3），第二文化层 1135 件，分布集中（图 3 – 4）。各层石制品均以废片类为主，废片类产品中又以破碎石片占大宗。石制品原料以硅质岩为主（90% 以上），除此之外还有少量绢云黝帘千枚状片岩、含绿帘长英角岩、霏细岩、微晶灰岩、（含灰质）硅质白云岩、石英粗面岩、粗面质凝灰熔岩等。

表 14　参雄尕朔遗址发掘石制品分类统计表

石制品类型→ 层位↓	废片类									石核类		工具类	总计
	完整石片	破碎石片	残片	断块	碎屑	细石叶	长石片	台面更新石片	作业面更新石片	石片石核	细石核		
表土层	11	46	18	10	50	29	2	1	1	2	3	1	174
CL1	19	103	25	23	111	99	1	3	0	2	15	2	403
CL2	64	450	137	87	220	110	21	2	3	18	20	3	1135

发现用火遗迹 15 处，其中第一文化层 3 处，第二文化层 12 处。部分为明显的结构性火塘（见图 3 – 4），即用较大的扁平砾石构建近圆形火塘，深 0.05 ~ 0.1 米，周边散落部分石制品和动物碎骨，土色灰黑，夹杂大量炭屑。出土的动物骨骼较少，多为碎片，被破坏严重，无法鉴定种属。

一、表土层出土遗物

共 174 件，其中废片类 168 件、石核类 5 件、工具类 1 件。

1. 废片类

共 168 件，占表土层石制品的 96.55%。包括完整石片 11 件、破碎石片 46 件、残片 18 件、断块 10 件、碎屑 50 件、细石叶 29 件、长石片 2 件、台面更新石片 1 件、作业面更新石片 1 件。

（1）长石片

2 件。均为剥片早期阶段的产品，背面保留少量石皮。（图 3 – 5，1）

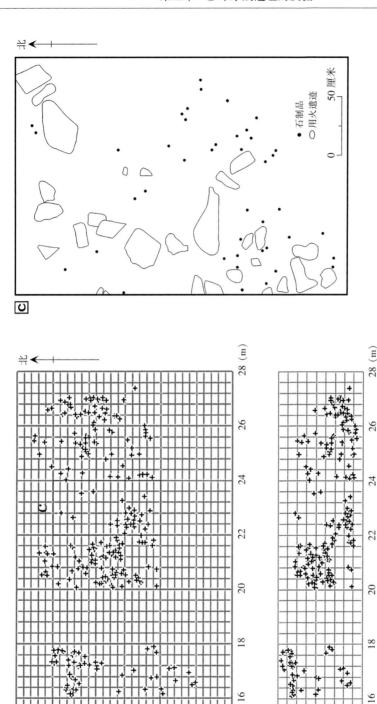

图 3 – 3　参雄尕朔遗址石制品分布图

a. CL1 遗物平面分布　b. 遗物剖面分布　c. T4 平面分布图

图 3 - 4　参雄尕朔遗址第 5 层火塘及遗物分布图

0　　　　　　　2 厘米

图 3 - 5　参雄尕朔遗址表土层出土石片
长石片：1. 2013CX：0371　台面更新石片：2. 2013CXT5①：230　作业面更新石片：3. 2013CXT2①：022

（2）完整石片

共 11 件，包括Ⅱ型 1 件、Ⅲ型 1 件、Ⅴ型 6 件、Ⅵ型 3 件。（图 3 - 6）

根据测量，完整石片长 19 ~ 59.3 毫米，平均值 41.431 毫米；宽 16 ~ 59.6 毫米，平均值 31.646 毫米；厚 5 ~ 27.1 毫米，平均值 10.708 毫米；重 1.97 ~ 105.91 克，平均值 24.678 克。（见附表一七）

根据观察和统计，表土层完整石片以素台面居多，共 9 件，自然台面 2 件；片疤背面 10 件，石皮背面 1 件；片疤方向与破裂面方向相同的 9 件，不同的 2 件。

Ⅱ型　1 件。

2013CXT2①：051，长 44.4、宽 52.3、厚 13.4 毫米，重 29.53 克。自然台面，破裂面特征明显，背面为少量石皮和两个与破裂面方向相同的片疤。

2013CX：0318，长 60.4、宽 32.59、厚 10.9 毫米，重 30.82 克。自然台面，破裂面特征明显，周缘完整。背面片疤方向与破裂面相同，可见少量石皮。

图 3 - 6　参雄尕朔遗址表土层出土完整石片
Ⅲ型：1.2013CX：0379　Ⅴ型：2.2013CXT2①：0377　3.2013CXT 2①：0173　Ⅵ型：4.2013CX：0327

Ⅲ型　1件。

2013CX：0379，长47.7、宽42.94、厚12.1毫米，重26.86克。自然台面，破裂面特征明显，周缘基本完整，右侧边有小崩疤。背面为两个方向不同的片疤。（图3－6，1）

Ⅴ型　6件。

2013CXT2①：0377，长51.76、宽41、厚13.3毫米，重30.07克。素台面，部分被破坏。破裂面特征明显，周缘完整。背面为两个与破裂面方向相同的片疤，可见少量石皮。（图3－6，2）

Ⅵ型　3件。

2013CXT5①：256，长38.7、宽26、厚6.6毫米，重6.22克。素台面，破裂面特征明显，背面为方向不同的片疤。

（3）破碎石片

共46件，包括Ⅰ型4件、Ⅱ型8件、Ⅲ型2件、Ⅳ型32件。（图3－7）

根据测量，破碎石片的各项测量指标变异较大，长13.8～89.8毫米，平均值32.765毫米；宽11.8～69.6毫米，平均值30.024毫米；厚3.9～23.5毫米，平均值9.794毫米；重0.92～63.29克，平均值14.170克。（见附表一七）

表土层破碎石片以素台面为主，共38件，自然台面共8件。背面为石皮背面和部分石皮、部分片疤的各3件，片疤背面40件。背面片疤方向与破裂面方向相同的有19件，方向不一的有27件。

Ⅰ型　4件。

2013CXT5①：265，长50.5、宽44.5、厚15毫米，重39.92克。素台面，破裂面特征明显，锥疤清晰，右侧边断裂，背面95%为石皮。（图3－7，1）

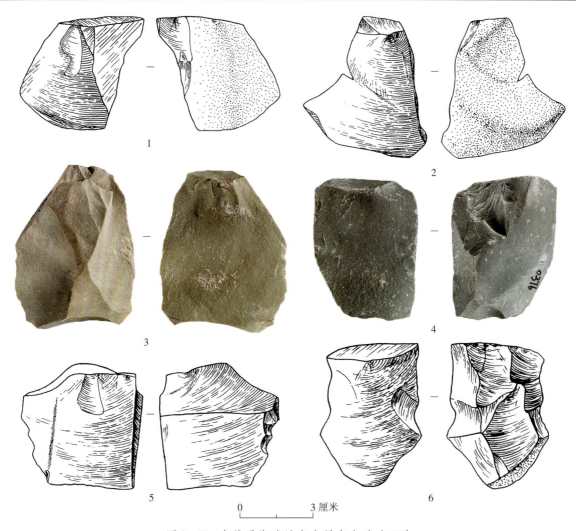

1

2

3

4

5

6

0　　　　　3厘米

图 3 - 7　参雄尕朔遗址表土层出土破碎石片
Ⅰ型：1. 2013CXT5①：265　Ⅱ型：2. 2013CXT5①：243　Ⅲ型：3. 2013CX：0287　4. 2013CX：0376
Ⅳ型：5. 2013CXT3①：0113　6. 2013CXT3①：0114

Ⅱ型　8件。

2013CXT5①：243，长 48、宽 46.5、厚 19.5 毫米，重 62.04 克。素台面，破裂面特征明显，打击点放射线清晰，半锥体突出，右侧边折断，远端可见较小的崩疤。（图 3 - 7，2）

Ⅲ型　2件。

2013CX：0287，长 59.6、宽 45.8、厚 23.4 毫米，重 57.78 克。素台面，破裂面特征明显，远端折断，背面为方向不同的片疤。（图 3 - 7，3）

Ⅳ型　32件。

2013CXT3①：0113，长 51.8、宽 53、厚 13.9 毫米，重 41.45 克。素台面，破裂面特征明显，周缘均有折断，背面片疤与破裂面方向不同，亦有沿台面向下者。（图 3 - 7，5）

2013CXT3①：0114，长 52.5、宽 35.9、厚 15 毫米，重 33.74 克。素台面，破裂面特征明显，两侧边有折断，背面片疤均沿台面向下，少量石皮。（图 3 - 7，6）

2013CXT2①：049，长 20.3、宽 11.8、厚 4.5 毫米，重 1.48 克。素台面，破裂面特征明显，周缘均有折断，背面为少量石皮和方向不同的片疤。

（4）残片

共18件。少量残片背面保留部分石皮，共3件，占该地点地表采集残片的16.7%。根据测量，残片长13.4～82毫米，平均值39.775毫米；宽10～58.8毫米，平均值28.745毫米；厚3.7～23.5毫米，平均值11.162毫米；重0.65～61.93克，平均值16.834克。（见附表一七）

（5）细石叶

共29件，包括完整细石叶1件、细石叶近端17件、细石叶中段10件、细石叶远端1件。（图3-8）

图3-8　参雄尕朔遗址表土层出土细石叶

近端：1. 2013CX：0536　2. 2013CX：0570　3. 2013CX：0533　4. 2013CX：0584　5. 2013CX：0599　6. 2013CX：0569
7. 2013CX：0525　8. 2013CX：0552　中段：9. 2013CX：0521　10. 2013CX：0561　11. 2013CX：0500　12. 2013CX：0551
13. 2013CX：0522　14. 2013CX：0526　15. 2013CX：0520　远端：16. 2013CX：0578

①完整细石叶　1件。

2013CXT3①：0116，长48.7、宽6.8、厚2.4毫米，重0.94克。长条形，两侧边内收，尾端弯曲，背部可见2条细石叶的阴痕。

②细石叶近端　17件。

台面均可见，负面可见明显的打击点、凸起的打击泡等特征。根据测量，参雄尕朔遗址发掘区地表采集的细石叶近端长5.5～25毫米，平均值14.368毫米；宽4.6～9毫米，平均值7.095毫米；厚1.3～5.4毫米，平均值2.284毫米；重0.04～0.94克，平均值0.296克。（见附表二〇）

2013CX：0536，长12.8、宽4.1、厚1.4毫米，重0.1克。两侧边平行，背面有2条棱脊，侧缘薄锐，无使用痕迹。（图3-8，1）

2013CX：0533，长14.1、宽6.2、厚2.1毫米，重0.18克。背面可见1条细石叶阴痕，宽3.2毫米，侧缘薄锐，无使用痕迹。（图3-8，3）

③细石叶中段　10件。

两端均折断，两侧边平行，横截面呈梯形或三角形。根据测量，发掘区地表采集的细石叶中段长8.1～20.5毫米，平均值13.517毫米；宽4～9毫米，平均值6.583毫米；厚1.2～4.3毫米，平均值2.332毫米；重0.06～0.59克，平均值0.255克。（见附表二〇）

2013CX：0521，长15.9、宽7、厚2.4毫米，重0.33克。两侧边平行，背面有3条棱脊，侧缘薄锐，无使用痕迹。（图3-8，9）

2013CX：0561，长 11.3、宽 7.2、厚 2.56 毫米，重 0.32 克。背面可见 1 条细石叶阴痕，最宽处 6.42 毫米，侧缘薄锐，无使用痕迹。（图 3 - 8，10）

④细石叶远端　1 件。

2013CX：0578，长 21、宽 4.3、厚 1.48 毫米，重 0.47 克。两侧边内收，尾端弯曲，背部可见 2 条细石叶的阴痕，未见明确的使用痕迹。（图 3 - 8，16）

（6）台面更新石片

1 件。2013CXT5①：230，长 25.7、宽 16.6、厚 5 毫米，重 2.11 克。为细石核台面更新所产生的石片，这类石片均较薄。其台面为原来细石核的作业面，可见明显的细石叶阴痕，皆为由作业面向台面后缘一次性打下的石片，以此重新获得合适的台面。（图 3 - 5，2）

（7）作业面更新石片

1 件。2013CXT2①：022，长 24.6、宽 11.9、厚 7.1 毫米，重 2.5 克。素台面，为原细石核的作业面，由于不能继续剥取细石叶，故将其打下以获得新的细石核作业面。（图 3 - 5，3）

（8）断块

共 10 件。长 19 ~ 55.5 毫米，平均值 29.133 毫米；宽 2 ~ 29.5 毫米，平均值 14.725 毫米；厚 3.2 ~ 17 毫米，平均值 9.025 毫米；重 0.36 ~ 26.42 克，平均值 6.867 克。（见附表一七）

2. 石核类

共 5 件。包括石片石核 2 件、细石叶石核 3 件。

2013CXT5①：234，双台面石核。长 160.5、宽 87.9、厚 41.5 毫米，重 403.26 克。第一组剥片台面被第二组剥片所破坏，可见 2 个不完整的片疤；第二组剥片台面为片疤台面，可见片疤 2 个，石皮覆盖率 50% 左右。（图 3 - 9，2）

2013CXT5①：0228，剥片阶段的楔形细石核。长 39、宽 26.4、厚 16.8 毫米，重 18.71 克。石核毛坯为石片，右侧面可见明显的石片特征。台面长 21、宽 13.7 毫米。石核底缘可见沿右侧面向左侧面修整的片疤。作业面可见 5 条细石叶阴痕。（图 3 - 9，3）

2013CXT5①：0201，预制阶段的楔形细石核。长 74.5、宽 59.5、厚 23.4 毫米，重 122.89 克。石核毛坯为厚石片，右侧面可见明显的石片特征。台面呈五边形，长 56.4、宽 25.5 毫米，未修整。保留少量石皮。（图 3 - 9，4）

3. 工具类

仅 1 件端刮器。

2013CXT4①：0155，长 71.2、宽 69.4、厚 28.3 毫米，重 155.16 克。毛坯为完整石片。自然台面，石片特征明显，背面为大量石皮和 1 个片疤。修整痕迹集中于石片远端，正向修理，先采用锤击法敲下小片疤，再压制产生锯齿状的边刃，修疤规整。（图 3 - 9，1）

二、第一文化层（CL1）出土遗物

共 403 件，其中废片类 384 件、石片石核 2 件、细石核 15 件、工具类 2 件。

1. 废片类

共 384 件，占第一文化层所有石制品的 95.29%。包括完整石片 19 件、破碎石片 103 件、残

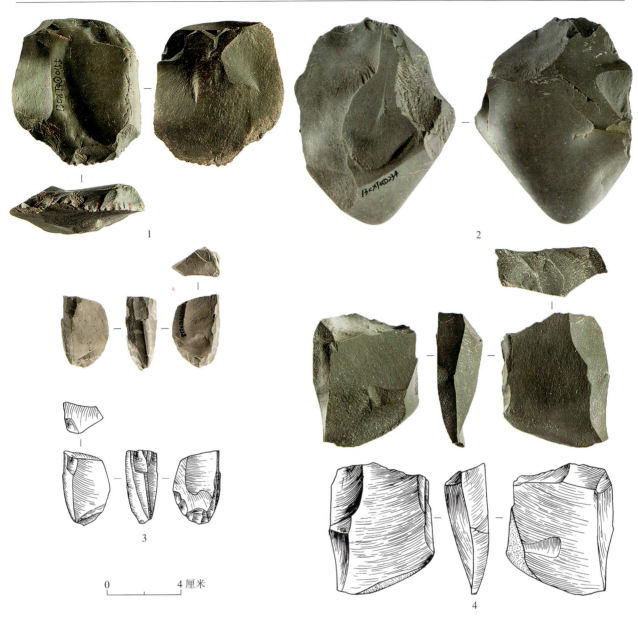

图 3 – 9　参雄尕朔遗址表土层出土石制品
端刮器：1. 2013CXT4①：0155　双台面石核：2. 2013CXT5①：234
细石核：3. 2013CXT5①：0288（剥片阶段）　4. 2013CXT5①：0201（预制阶段）

片 25 件、断块 23 件、碎屑 111 件、细石叶 99 件、长石片 1 件、台面更新石片 3 件，无作业面更新石片。

（1）完整石片

共 19 件，包括 Ⅱ 型 1 件、Ⅲ 型 1 件、Ⅳ 型 3 件、Ⅴ 型 3 件、Ⅵ 型 11 件。

根据测量，完整石片长 14 ~ 69.1 毫米，平均值 27.900 毫米；宽 10.3 ~ 47.4 毫米，平均值 26.285 毫米；厚 3.3 ~ 22.2 毫米，平均值 8.605 毫米；重 1.32 ~ 64.6 克，平均值 11.597 克。（见附表一八）

根据观察和统计，第一文化层完整石片以素台面为主，共 17 件，自然台面 2 件。背面以片疤背面为主，共 16 件。

Ⅱ型　1件。

2013CXT3②：678，长38.25、宽48、厚14.2毫米，重26.36克。自然台面，破裂面特征明显，背面为一个与破裂面方向相同的片疤和少量石皮。（图3–10，1）

Ⅲ型　1件。

2013CXT5②：445，长53.5、宽38、厚19.1毫米，重32.42克。自然台面，破裂面特征明显，背面为方向不同的片疤。

Ⅳ型　3件。

2013CXT5②：145，长54.5、宽38.2、厚12.2毫米，重27.1克。素台面，破裂面特征明显，背面全部为石皮。

Ⅴ型　3件。

2013CXT3②：112，长64.3、宽42、厚10.4毫米，重27.25克。素台面，破裂面特征明显，锥疤清晰，背面为石皮和一个片疤。

2013CXT1③：0168，长45.7、宽34.1、厚9.2毫米，重13.93克。素台面，破裂面特征明显，背面为一方向与破裂面相同的片疤和少量石皮。

Ⅵ型　11件。

2013CXT3③：118，长45.8、宽34.9、厚18.8毫米，重23.52克。素台面，破裂面特征明显，背面为方向不同的片疤。

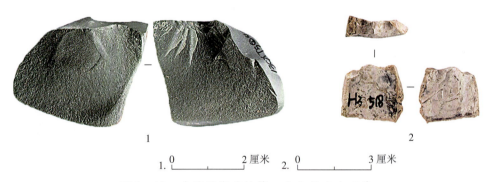

图3–10　参雄尕朔遗址第一文化层出土石片
Ⅱ型完整石片：1.2013CXT3②：678　细石核台面更新石片：2.2013CXT5H3：518

（2）破碎石片

共103件，包括Ⅰ型9件、Ⅱ型20件、Ⅲ型18件、Ⅳ型56件。（图3–11，1~4）

根据测量，破碎石片的各项测量指标变异较大，长9.4~78.6毫米，平均值28.080毫米；宽7.9~79.5毫米，平均值29.662毫米；厚1.1~32毫米，平均值8.590毫米；重0.32~169.65克，平均值13.045克。（见附表一八）

第一文化层破碎石片以素台面为主，共78件，自然台面19件，片疤台面6件。背面为石皮背面的有15件，部分石皮、部分片疤22件，片疤背面66件。背面片疤方向与破裂面方向相同的有25件，破裂面与背面片疤方向不一的78件。破碎石片背面以人工背面为主，亦属于次级剥片阶段。

Ⅰ型　9件。

2013CXT5②：451，长42.8、宽51.8、厚13.4毫米，重32.3克。素台面，破裂面特征明显，

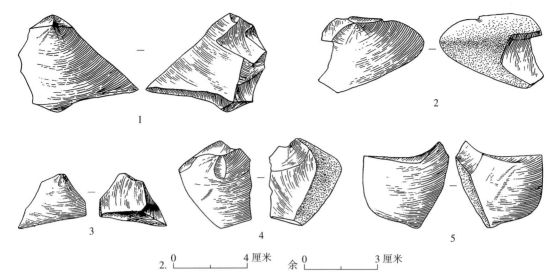

图3－11　参雄尕朔遗址第一文化层出土破碎石片

破碎石片：Ⅰ型：1. 2013CXT5②：451　Ⅱ型：2. 2013CXT5②：601　Ⅲ型：3. 2013CXT5②：418　4. 2013CXT5②：447
残片：5. 2013CXT5②：444

右侧边折断，背面为不同方向的片疤。（图3－11，1）

Ⅱ型　20件。

2013CXT5②：601，长37.9、宽54.7、厚11.8毫米，重23.79克。素台面，破裂面特征明显，左侧边折断，背面为石皮。（图3－11，2）

Ⅲ型　18件。

2013CXT5②：418，长18.3、宽17.5、厚3.9毫米，重1.12克。破裂面可辨，远端折断，背面有一与破裂面相同方向的片疤和少量石皮。（图3－11，3）

Ⅳ型　56件。

2013CXT1③：0358，长32.6、宽26、厚10毫米，重8.34克。素台面，破裂面特征明显，侧边和远端均折断，背面90%为石皮。

（3）残片

共25件。其中背片面可见石皮的残片共3件，占该地点发掘残片的12%。（图3－11，5）

根据测量数据统计，残片各项测量数据变异较大，长8.8～113.1毫米，平均值为31.651毫米；宽8～74.7毫米，平均值29.903毫米；厚2.6～37.4毫米，平均值9.304毫米；重0.34～242.01克，平均值22.234克。（见附表一八）

（4）断块

共23件。根据测量，断块的各项测量数据变异较大，长9.1～44.1毫米，平均值为26.244毫米；宽8.8～35.6毫米，平均值19.628毫米；厚3～22.3毫米，平均值8.368毫米；重0.51～14.95克，平均值4.516克。（见附表一八）

（5）细石叶

共99件。包括完整细石叶2件、细石叶近端57件、细石叶中段30件、细石叶远端10件。（图3－12）

图 3 - 12　参雄尕朔遗址第一文化层出土细石叶

近端：1. 2013CXF1：385　2. 2013CXF1：380　3. 2013CXF1：373　4. 2013CXF1：381　5. 2013CXF1：382

中段：6. 2013CXT1②：280　7. 2013CXT4②：260　8. 2013CXT1②：447　9. 2013CXF1：399

远端：10. 2013CXF1：403　11. 2013CXF1：400

①完整细石叶　2 件。

2013CXT4③：0660，长 41.1、宽 6.9、厚 2.6 毫米，重 0.97 克。长条形，基本完整，两侧边基本平行，尾部略向下弯曲，背部可见 1 条细石叶阴痕，最宽处 3.6 毫米。

②细石叶近端　57 件。

根据测量数据，第一文化层细石叶近端长 4.4 ~ 34.1 毫米，平均值 5.39 毫米；宽 1.4 ~ 11.8 毫米，平均值 5.397 毫米；厚 0.06 ~ 5.7 毫米，平均值 1.561 毫米；重 0.01 ~ 1.06 克，平均值 0.175 克。（见附表二〇）

2013CXF1：385，长 7、宽 3.7、厚 0.09 毫米，重 0.02 克。长条形，两侧边平行，背面 3 条棱脊为 4 个细石叶阴痕的侧边，完整者 1 条，宽 2 毫米。（图 3 - 12，1）

2013CXF1：380，长 10.5、宽 3.1、厚 0.06 毫米，重 0.01 克。长条形，两侧边平行，背面 4 条棱脊，可见完整两侧边的细石叶阴痕 2 条，最宽分别为 1.2、1.9 毫米。（图 3 - 12，2）

③细石叶中段　30 件。

根据测量数据，第一文化层细石叶中段长 4.8 ~ 24.5 毫米，平均值 13.988 毫米；宽 2.9 ~ 9.3 毫米，平均值 5.610 毫米；厚 0.6 ~ 4 毫米，平均值 1.913 毫米；重 0.01 ~ 0.52 克，平均值 0.187 克。（见附表二〇）

2013CXT1②：447，长 10.5、宽 3.5、厚 0.03 毫米，重 0.02 克。长条形，两侧边平行，背面可见 2 条细石叶阴痕。（图 3 - 12，8）

2013CXT1②：112，长 17、宽 9.3、厚 2.2 毫米，重 0.39 克。长条形，两侧边基本平行，背面可见 2 条细石叶阴痕，边缘不见使用痕迹。

④细石叶远端　10 件。

2013CXF1：403，长 11.9、宽 3.9、厚 1 毫米，重 0.04 克。黄色，向左偏向下弯曲，背面 2 条棱脊为一细石叶阴痕的两侧边，宽 2.2 ~ 3 毫米。（图 3 - 12，10）

（6）细石核台面更新石片

共 3 件。为细石核台面更新所产生的石片，均较薄，皆为由作业面向台面后缘一次性打下石片，以此重新获得合适的台面。其台面为原来细石核的作业面，可见明显的细石叶阴痕。（见图 3 - 10，2）

2. 石核类

共17件。包括石片石核2件、细石叶石核15件。

（1）石片石核

共2件。均为多台面石核。（图3－13，1）

2013CXT2③：0125，长73.5、宽53.4、厚38.3毫米，重135.42克。形状不规则，各片疤互相打破，可辨台面有4个，为石皮台面和片疤台面，打片方向不一致，剥片顺序不可辨。

（2）细石叶石核

共15件。包括预制阶段的细石核2件、剥片阶段的楔形细石核8件、耗竭阶段的楔形细石核3件、细石核断块2件。（图3－13）

剥片阶段的楔形细石核 8件。

2013CXH1：498，长30.7、宽23.5、厚21.1毫米，重16.81克。石核毛坯不可辨。台面长23.5、宽21.2毫米，台面沿周缘向内修整。楔状缘修整为沿左侧面向右侧面的单向修整。作业面

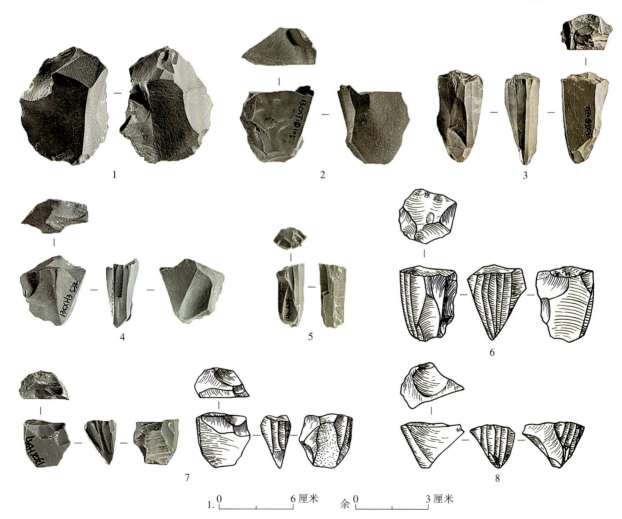

图3－13 参雄尕朔遗址第一文化层出土石核

多台面石核：1. 2013CXT1②：093 预制阶段细石核：2. 2013CXT1②：105

剥片阶段细石核：3. 2013CXT1②：0332 4. 2013CXH3：534 5. 2013CXH3：624 6. 2013CXH1：498

耗竭阶段细石核：7. 2013CXH3：597 8. 2013CXF1：402

可见7条细石叶阴痕，完整的一条长20.5、宽3.6毫米。（图3-13，6）

2013CXT1③：0332，长45.7、宽25、厚16.6毫米，重21.71克。石核毛坯不可辨。台面长22、宽16.5毫米，台面沿周缘向内修整，有效台面约占台面的1/6。作业面可见细石叶阴痕3条，其中2条完整，长宽分别为40.3×5.2、41.9×5.9毫米。

耗竭阶段的楔形细石核　3件。

2013CXH3：597，长21、宽21.9、厚12.5毫米，重5.56克。石核毛坯不可辨。台面长20、宽11.8毫米。石核从中间折断，未修整、未更新，保留少量石皮。作业面可见7条细石叶阴痕，均不完整。（图3-13，7）

细石核断块　2件。

2013CXH2：494，长18、宽11.9、厚7.6毫米，重1.71克。石核毛坯不可辨。台面未更新，核体从中间折断。作业面可见5条细石叶阴痕，均不完整。

3. 工具类

共2件。

2013CXT2②：135，端刮器。长71.3、宽57.3、厚30毫米，重200.52克。毛坯为石片，背面全为石皮。修整痕迹集中于石片远端，由石片破裂面向背面修整，修疤深入。

三、第二文化层（CL2）出土遗物

共1135件，其中废片类1094件、石片石核19件、细石核19件、工具类3件。

1. 废片类

共1094件，占第二文化层石制品的96.39%。包括完整石片64件、破碎石片450件、残片137件、断块87件、碎屑220件、细石叶110件、长石片21件、台面更新石片2件、作业面更新石片3件。

（1）完整石片

共64件，包括Ⅰ型5件、Ⅱ型2件、Ⅲ型5件、Ⅳ型4件、Ⅴ型30件、Ⅵ型17件，1件台面部分被破坏，未确定类型。（图3-14）

根据测量，完整石片长15.3~84.5毫米，平均值37.09毫米；宽6.5~74.9毫米，平均值32.68毫米；厚3.7~24.6毫米，平均值8.88毫米；重0.66~109.5克，平均值17.70克。（见附表一九）

根据观察和统计，第二文化层完整石片以素台面居多，共51件，自然台面12件；片疤背面54件。

Ⅰ型　5件。

2013CX⑤：479，长60.4、宽51.2、厚14.5毫米，重54.73克。自然台面，破裂面特征明显，石片周缘完整，背部全为石皮。

Ⅱ型　2件。

2013CX⑤：64，长65.6、宽37.3、厚13.5毫米，重26.92克。自然台面，破裂面特征明显，背面为同台面、同方向的片疤互相打破，右侧边和台面为石皮。（图3-14，1）

Ⅲ型　5件。

2013CX⑤：342，长39.3、宽56.8、厚13.2毫米，重22.85克。自然台面，破裂面特征明显，

0   4 厘米

图 3 – 14 参雄尕朔遗址第二文化层出土完整石片

Ⅱ型：1. 2013CX⑤：64   Ⅲ型：2. 2013CX⑤：342   Ⅳ型：6. 2013CX⑤：297   Ⅴ型：3. 2013CX⑤：78
4. 2013CX⑤：217   Ⅵ型：5. 2013CX⑤：720   7. 2013CX⑤：295

两侧边连同台面均为石皮。背面为与破裂面相同台面的片疤互相打破，方向不一，有与破裂面相同者，有与之约90°者，其台面为破裂面侧边。（图 3 – 14，2）

Ⅳ型   4 件。

2013CX⑤：297，长24.4、宽39.2、厚7.2毫米，重7.4克。素台面，破裂面特征明显，周缘有小崩疤，背面全为石皮。（图 3 – 14，6）

Ⅴ型   30 件。

2013CX⑤：78，长66.2、宽47.1、厚12毫米，重28.05克。素台面点状，破裂面特征明显，背面为同方向的片疤和少量石皮。（图 3 – 14，3）

2013CX⑤：217，长46.4、宽28.8、厚9.4毫米，重12.65克。素台面，破裂面特征明显，背面有一同台面、同方向的片疤和少量石皮。（图 3 – 14，4）

Ⅵ型   17 件。

2013CX⑤：720，长54.2、宽34.9、厚12.3毫米，重20.72克。素台面，破裂面特征明显，背面片疤与破裂面方向相同。（图 3 – 14，5）

2013CX⑤：295，长45.6、宽39.6、厚5.5毫米，重14克。素台面，破裂面特征明显，背面主片疤与破裂面同台面、同方向，周缘有不同方向的片疤。（图 3 – 14，7）

（2）破碎石片

共450件，包括Ⅰ型49件、Ⅱ型54件、Ⅲ型31件、Ⅳ型316件。（图 3 – 15）

根据测量，破碎石片的各项测量指标变异较大，长7.3~83毫米，平均值33.28毫米；宽6.5~

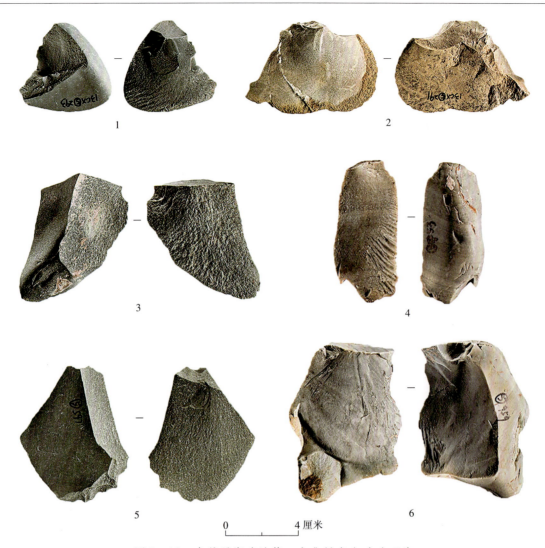

图 3 - 15　参雄尕朔遗址第二文化层出土破碎石片
Ⅰ型：1. 2013CX⑤：293　Ⅱ型：2. 2013CX⑤：291　3. 2013CX⑤：292　Ⅲ型：4. 2013CX⑤：953
Ⅳ型：5. 2013CX⑤：597　6. 2013CX⑤：959

86.8 毫米，平均值 29.52 毫米；厚 1.1 ~ 45.7 毫米，平均值 9.53 毫米；重 0.31 ~ 190.21 克，平均值 13.01 克。（见附表一九）

第二文化层破碎石片以素台面为主，共 349 件，自然台面共 71 件，修理台面 1 件，片疤台面 4 件，台面被破坏者 25 件。背面为石皮背面的有 66 件，部分石皮、部分片疤的有 95 件，片疤背面 289 件。背面片疤方向与破裂面方向相同的有 108 件，不同的有 342 件。

Ⅰ型　49 件。

2013CX⑤：293，长 32.7、宽 40.7、厚 9.5 毫米，重 13.76 克。素台面，破裂面特征明显，右侧边折断，背面为石皮和破裂面折断所致片疤。（图 3 - 15，1）

Ⅱ型　54 件。

2013CX⑤：291，长 39.6、宽 57.5、厚 10.3 毫米，重 19.32 克。素台面，破裂面特征明显，左侧边折断，背面为同台面、同方向的片疤互相打破，60% 为石皮。（图 3 - 15，2）

Ⅲ型　31 件。

2013CX⑤：953，长 45.1、宽 20.6、厚 6.8 毫米，重 8.18 克。素台面，破裂面特征明显，远端折断，背面全为石皮。（图 3 – 15，4）

Ⅳ型　316 件。

2013CX⑤：597，长 49.3、宽 43、厚 12 毫米，重 31.92 克。素台面，破裂面特征明显，周缘均折断，背面为石皮和折断所致片疤。（图 3 – 15，5）

2013CX⑤：959，长 65.1、宽 49、厚 17 毫米，重 50.21 克。自然台面，破裂面特征明显，右侧边和远端有折断，背面为少量石皮和一与破裂面方向不同的片疤。（图 3 –15，6）

（3）残片

共 137 件。根据对残片的测量数据统计，其各项测量数据变异较大，长 9.6～88.4 毫米，平均值 35.70 毫米；宽 6.4～80.5 毫米，平均值 26.51 毫米；厚 1.7～31.7 毫米，平均值 9.44 毫米；重 0.27～230.54 克，平均值 13.71 克。（见附表一九；图 3 – 16，1～4）

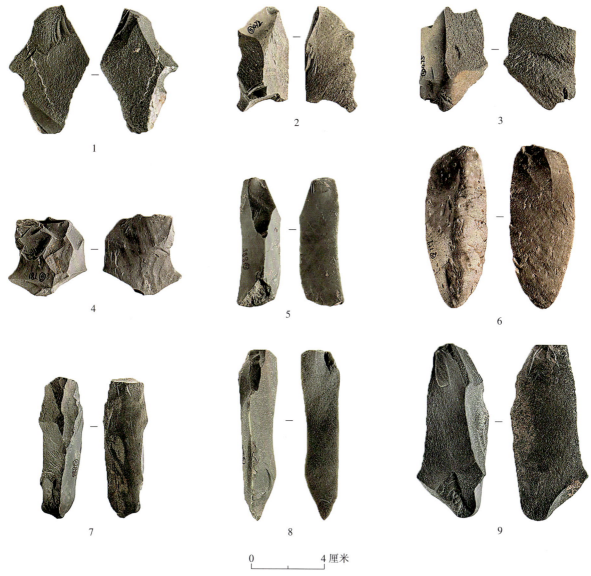

0 　　　　4 厘米

图 3 – 16　参雄尕朔遗址第二文化层出土残片、长石片

残片：1. 2013CX⑤：497　2. 2013CX⑤：472　3. 2013CX⑤：475　4. 2013CX⑤：781

长石片：5. 2013CX⑤：885　6. 2013CX⑤：779　7. 2013CX⑤：886　8. 2013CX⑤：679　9. 2013CX⑤：780

（4）长石片

共21件。（图3-16，5~9）

2013CX⑤：886，长69、宽24、厚14.6毫米，重23.84克。长条形，台面修整沿台面外缘向内修理，腹面为特征明显的石片疤，背面1条棱脊和原有的3个剥片，棱脊处可见修整痕迹，为原石核的核体修整痕迹，表明原石核已经成型。（图3-16，7）

2013CX⑤：679，长89.5、宽22、厚16.3毫米，重29.47克。长条形，台面修整沿台面外缘向内修整，腹面为特征明显的石片疤，背面1条棱脊和原有的3个剥片，原石核已经成型。（图3-16，8）

（5）断块

共87件。根据对断块的测量数据统计，其各项测量数据变异较大，长9.2~120.7毫米，平均值38.94毫米；宽6.4~71.8毫米，平均值24.81毫米；厚2.5~67.5毫米，平均值12.3毫米；重0.52~351.13克，平均值20.63克。（见附表一九）

（6）细石叶

共110件，其中完整细石叶3件、细石叶近端53件、细石叶中段38件、细石叶远端16件。（图3-17，5~16）

①完整细石叶　3件。

2013CX⑤：1098，长57.2、宽11.7、厚7.2毫米，重3.77克。两侧边基本平行，尾部略向下弯曲，背面有2个沿台面向下的石核阴痕互相打破，并打破背部棱脊。（图3-17，16）

②细石叶近端　53件。

2013CX⑤：1103，长35、宽6.6、厚2.3毫米，重0.72克。长条形，两侧边基本平行，略内收，向下弯曲，背面2条棱脊分别为两细石叶阴痕的一侧边。（图3-17，12）

2013CX⑤：1102，长37.5、宽8.4、厚2.1毫米，重0.9克。两细侧边略外扩，背面2条棱脊分别为两细石叶阴痕的一侧边。（图3-17，13）

④细石叶中段　38件。

2013CX⑤：1109，长22.8、宽9.9、厚2.4毫米，重0.67克。长条形，两侧边基本平行，背面可见3条细石叶阴痕。（图3-17，5）

2013CX⑤：780，长26.25、宽6.15、厚2.1毫米，重0.62克。两侧边基本平行，背面可见3条细石叶阴痕。（图3-17，6）

2013CX⑤：429，长28.7、宽6.5、厚2.8毫米，重0.59克。两侧边弯曲，背面可见3条细石叶阴痕，呈"Y"形棱脊。（图3-17，7）

④细石叶远端　16件。

2013CX⑤：659，长27.5、宽9.1、厚3.4毫米，重0.86克。长条形，略向下弯曲。两侧边基本平行，背面可见2条细石叶阴痕，侧边可见零星小崩疤，尾端部分折断。

2013CX⑤：894，长21.1、宽7.1、厚2.4毫米，重0.37克。长条形，略向下弯曲，尾端和左侧边可见零星的小崩疤，背面可见2条细石叶阴痕。

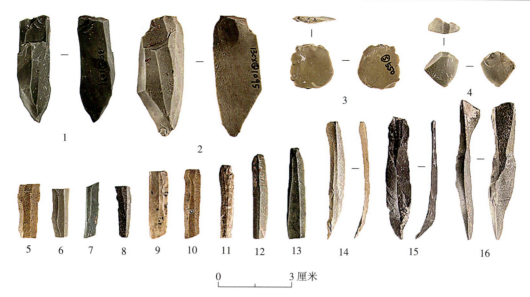

图 3 - 17 参雄尕朔遗址第二文化层出土石制品

作业面更新石片：1. 2013CX⑤：1091 2. 2013CX⑤：1095 台面更新石片：3. 2013CX⑤：550 4. 2013CX⑤：590
细石叶中段：5. 2013CX⑤：1109 6. 2013CX⑤：780 7. 2013CX⑤：429 8. 2013CX⑤：1078 9. 2013CX⑤：1104
细石叶近端：10. 2013CX⑤：425 11. 2013CX⑤：1105 12. 2013CX⑤：1103 13. 2013CX⑤：1102
完整细石叶：14. 2013CX⑤：1116 15. 2013CX⑤：1101 16. 2013CX⑤：1098

（7）台面更新石片

共 2 件。2013CX⑤：550，长 18.5、宽 18、厚 3.1 毫米，重 1.06 克。可见 2 条细石叶阴痕。（图3 - 17，3）

（8）作业面更新石片

共 3 件。2013CX⑤：1091，长 46.7、宽 15、厚 11.8 毫米，重 11.3 克。可见 4 条细石叶阴痕，皆不完整，最后 1 条破坏了原作业面。石片底端可见为了控制细石叶方向的剥片。（图 3 - 17，1）

2. 石核类

共 38 件，其中石片石核 18 件、细石核 20 件。

（1）石片石核

共 18 件。按台面可分为单台面石核（1 件）、双台面石核（5 件）、多台面石核（3 件）和石核断块（9 件）。石核剥片均为直接打击剥片。（图 3 - 18）

经过测量，石片石核长 20 ~ 120.7 毫米，平均值 73.33 毫米；宽 24.5 ~ 95.6 毫米，平均值 57.79 毫米；厚 14 ~ 72.2 毫米，平均值 45.14 毫米；重 10.8 ~ 628.21 克，平均值 252.60 克。

单台面石核 1 件。

2013CX⑤：931，长 87.2、宽 71.5、厚 70.9 毫米，重 557.38 克。片疤台面，台面长 76、宽 70.9 毫米。剥片均沿台面周缘向下，可见片疤 5 个，片疤特征明显，形状不规则，均为直接打制。石皮覆盖率超过 50%。

双台面石核 5 件。

2013CX⑤：932，长 111.1、宽 81、厚 72.2 毫米，重 628.21 克。第一组剥片台面被第二组剥

图 3-18　参雄尕朔遗址第二文化层出土石片石核

多台面石核：1. 2013CX⑤：562　4. 2013CX⑤：443　双台面石核：2. 2013CX⑤：585　3. 2013CX⑤：932

片破坏，可见 2 个不完整片疤；第二组剥片为片疤台面，台面长 69.7、宽 49.6 毫米，可见片疤 4
个。石皮覆盖率较高，超过 50%。（图 3-18，3）

多台面石核　3 件。

2013CX⑤：443，长 83.6、宽 61.4、厚 67.1 毫米，重 394.17 克。台面有 4 个，台面 1 为自然
台面，剥片仅 1 个；台面 2 亦为自然台面，剥片 1 个；台面 3 为片疤台面，可见剥片 4 个；台面 4
不可辨，片疤被沿台面 3 向下的剥片所破坏。石皮覆盖率约 50%。（图 3-18，4）

石片石核断块　9 件。

2013CX⑤：211，长 120.7、宽 71.8、厚 67.5 毫米，重 351.13 克。残留剥片 2 个，为剥片过
程中的失误导致石核折断的断块。石皮覆盖超过 50%。

（2）细石核

共 20 件。包括预制阶段的楔形细石核 6 件、剥片阶段的楔形细石核 7 件、耗竭阶段的楔形细
石核 1 件、细石核断块 5 件和锥形细石核 1 件。（图 3-19、3-20）

预制阶段的楔形细石核　6 件。

2013CX⑤：219，长 64.3、宽 29.2、厚 16.9 毫米，重 32.09 克。石核毛坯为石片，右侧
面可见明显的石片特征。片疤台面呈四边形，长 30.4、宽 18.4 毫米，未修整。细石核左侧
面保留大量石皮。作业面可见 2 个剥片的疤痕，由于作业面太窄，未继续剥取细石叶而废弃。
（图 3-19，1；图 3-20，3）

剥片阶段的楔形细石核　7 件。

图 3 - 19 参雄尕朔遗址第二文化层出土细石核

预制阶段细石核：1.2013CX⑤：219 2.2013CX⑤：698 锥形细石核：4.2013CX⑤：952
剥片阶段细石核：3.2013CX⑤：226 5.2013CX⑤：1114 6.2013CX⑤：1113 7.2013CX⑤：225 8.2013CX⑤：224

2013CX⑤：225，长 40.5、宽 27.5、厚 18.9 毫米，重 24.6 克。石核毛坯为厚石片，左侧面可见明显的石片特征。台面呈四边形，长 27.6、宽 17.8 毫米，仅见 2 个沿边缘向内修整的修疤，台面未更新。可见 5 条细石叶阴痕，完整的一条长 34.6、宽 5.8 毫米。（图 3 - 19，7；图 3 - 20，2）

2013CX⑤：1113，长 42.8、宽 32.4、厚 15.8 毫米，重 27.77 克。石核毛坯为厚石片，右侧面可见明显的石片特征。台面呈四边形，长 29.4、宽 14 毫米，修整方向为沿台面周缘向内。楔状缘为两面修整。作业面可见 5 条细石叶阴痕，均不完整。石核底缘可见向作业面方向修整，以控制细石叶走向。（图 3 - 19，6；图 3 - 20，4）

耗竭阶段的楔形细石核 1 件。

2013CX⑤：1096，长 29.4、宽 15、厚 16.3 毫米，重 5.13 克。石核毛坯不可辨。沿台面向下的细石叶阴痕有 3 个。有少量石皮。

细石核断块 5 件。

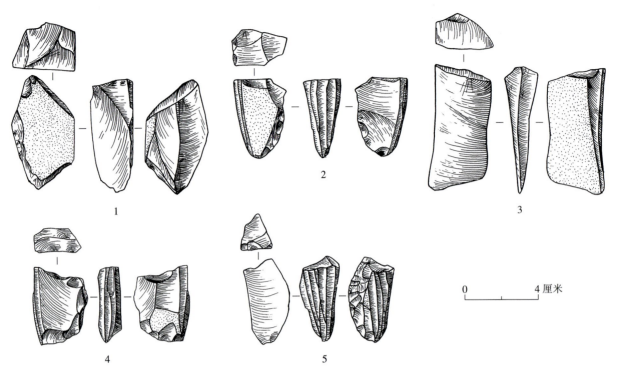

图 3-20　参雄尕朔遗址第二文化层出土细石核
预制阶段：1. 2013CX⑤：417　3. 2013CX⑤：219　剥片阶段：2. 2013CX⑤：225　4. 2013CX⑤：1113　5. 2013CX⑤：224

2013CX⑤：935，长 31、宽 31.2、厚 18.2 毫米，重 16.85 克。石核原型不可辨。可见 4 个剥取细石叶的痕迹，均被沿台面向下的打片破坏，石核体折断，少量石皮。

锥形细石核　1 件。

2013CX⑤：952，长 32.5、宽 15.7、厚 12.9 毫米，重 9.05 克。核体较小，沿台面边缘剥片一周，可见细石叶阴痕 7 条。可见沿底缘向台面方向的剥片。（图 3-19，4）

3. 工具类

共 3 件。包括 1 件边刮器、1 件端刮器和 1 件有使用痕迹的石片。其毛坯均为石片，加工方向均为正向加工。

2013CX⑤：478，有使用痕迹的石片。长 53.2、宽 51.7、厚 17.3 毫米，重 52.2 克。毛坯为完

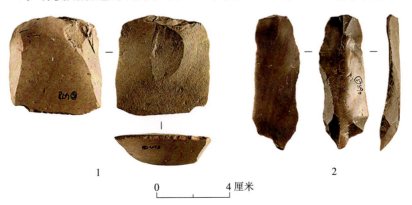

图 3-21　参雄尕朔遗址第二文化层出土工具
有使用痕迹的石片：1. 2013CX⑤：478　边刮器：2. 2013CX⑤：890

整石片。自然台面，台面有破坏，石片特征明显，背面保留大量石皮，两侧有 2 个片疤。使用痕迹浅平，集中于石片远端。（图 3 - 21，1）

2013CX⑤：890，边刮器。长 72.2、宽 24.7、厚 8 毫米，重 15.4 克。毛坯为长石片。修理台面，石片特征明显，背面全为石皮。修整痕迹集中在破裂面右侧边，正向加工，修疤较浅，不明显。（图 3 - 21，2）

第四章 古人类的石器技术行为

第一节 石制品组合

登额曲流域地表采集石制品共 4247 件，各石器地点均以废片类石制品为主，从技术体系上来看，整个流域的石器技术体现为简单石核－石片技术与细石叶工艺共存，不见磨制石器和陶器。

简单石核－石片技术以石片石核和各类石片为代表，所见石片石核均为锤击石核。所有石器地点都可见各类石片，但石片石核仅见于参雄尕朔、角考、尕琼、尕达、普卡巴玛和香热西科石器点，其他地点未见，其中参雄尕朔与角考地点除各类石核外，还包括一定数量的石核断块（图 4－1）。废片类石制品中不完整石片（包括破碎石片和残片）占废片类产品的主流，除古沃达、撒通达、拉得果姆地点之外，其余石器地点均包含一定数量的断块和碎屑（20%～40%），完整石片所占比重相对较少（图 4－2）。

细石叶工艺产品包括细石核、细石叶和细石核更新石片。参雄尕朔、角考和尕琼石器点包含了从预制到废弃各阶段的细石核类型，且参雄尕朔与角考地点细石核数量较多，其余地点细石核类型不全（图 4－3）。细石叶可见于参雄尕朔、角考、西琼达、尕琼、结吉多、古沃达、章齐达和撒通达石器点，但仅有参雄尕朔遗址细石叶数量相对较多（图 4－4）。而细石核更新石片仅见于参雄尕朔与角考石器地点。工具类石制品整体偏少且类型相对单一，主要为边刮器和端刮器，仅角考地点可见零星凹缺器和锯齿刃器，参雄尕朔、尕达、普卡巴玛、古沃达和拉得果姆石器地点仅见刮削器（图 4－5）。

参雄尕朔遗址发掘出土石制品 1712 件，两个文化层的石制品类型无差别，发掘出土的石制品与该遗址地表采集以及其他石器点地表采集的石制品亦无差别，其中表土层石制品较少，第一文化层石制品及用火遗迹相对第二文化层均较少，可能反映了不同的人群活动规模或活动时间。各文化层以各类废片类石制品为主要类型，各层不完整石片为废片类石制品的主流。细石叶工艺的各类产品均在遗址中存在，除表土层外，其余两个文化层包括各生产阶段的细石核、细石叶以及细石核更新石片。工具数量相对较少，主要为端刮器和边刮器。

鉴于上述各石器点地表采集石制品从类型和技术体系上来看基本无差别，且参雄尕朔遗址各文化层发掘出土石制品亦基本无差异，故后文技术研究中将不再分地点讨论。

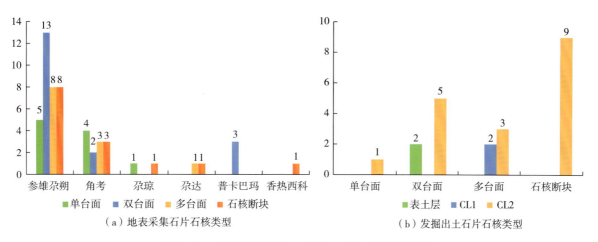

（a）地表采集石片石核类型　　　　　（b）发掘出土石片石核类型

图 4-1　登额曲流域各石器点石片石核类型统计

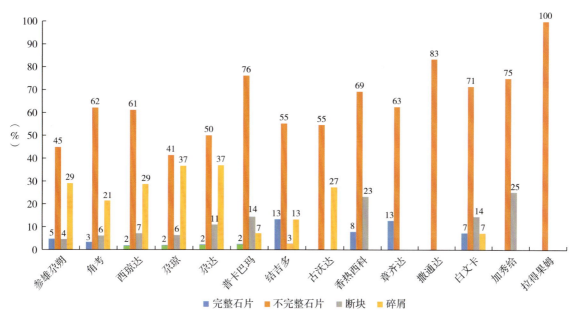

图 4-2　登额曲流域各石器点地表采集部分废片类产品统计

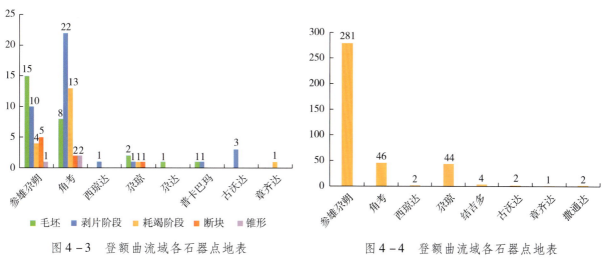

图 4-3　登额曲流域各石器点地表　　　　图 4-4　登额曲流域各石器点地表
采集细石核类型统计　　　　　　　采集细石叶数量统计

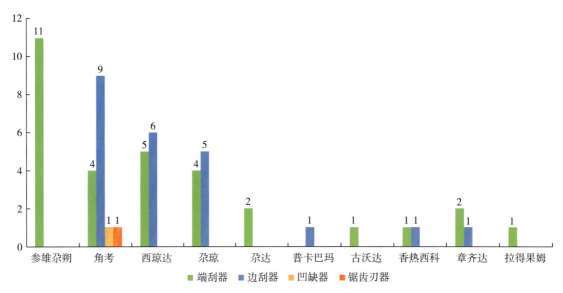

图 4 - 5　登额曲流域地表采集工具类石制品类型与数量统计

第二节　石制品石料

一、石料类型

对部分主要石料的切片分析显示，登额曲流域各石器点石制品的石料种类单一，硅质岩占绝对优势，超过 90%，说明各地点在石料选择上并无差异。其余石料数量较少，包括绢云黝帘千枚状片岩、含绿帘长英角岩、霏细岩、微晶灰岩、（含灰质）硅质白云岩、石英粗面岩、粗面质凝灰熔岩等。（表 15、16；图 4 - 6）

表 15　登额曲流域各石器点石制品石料统计表

石器点	石料	
	硅质岩	其他
参雄尕朔地表采集	1851	303
参雄尕朔发掘出土	1596	116
角考	1152	87
西琼达	278	20
尕琼	319	16
尕达	36	16
普卡巴玛	44	4
结吉多	37	1
古沃达	12	3
香热西科	14	2

石器点	石料	
	硅质岩	其他
章齐达	12	0
撒通达	15	3
白文卡	14	0
加秀给	3	1
拉得果姆	14	1
合计	5397	468

表 16　登额曲流域各石器点石片石核、工具、细石核石料统计表

石器点	石片石核石料		工具石料		细石核石料	
	硅质岩	其他	硅质岩	其他	硅质岩	其他
参雄尕朔地表采集	30	5		2	31	2
参雄尕朔发掘出土	19	1	1	3	26	12
角考	8	4	11	4	38	4
西琼达	1	1	13	1	1	
尕琼	4		5	2	1	
尕达	2			1	1	
普卡巴玛	2		1		2	
古沃达			1			2
香热西科	1		1			
章齐达			2		1	
拉得果姆			1			
合计	67	11	36	13	101	20

二、石料来源

2012～2015 年，考古队对登额曲流域和玉树州境内的通天河流域进行了多年调查工作。调查结果显示，通天河两岸的阶地上随处可见硅质岩，其石皮特征、颜色、质地等与各石器点石制品石料一致。并且，考古队在登额曲沿岸发现了含有硅质岩的砾石层（图 4-7）。但溯登额曲而上，两岸阶地上的此类石料逐渐减少，故推测登额曲流域各石器点中的主流石料可能来自于通天河两岸，古人类就近获取石料，暂未见远距离搬运石料的证据。

图 4-6　登额曲流域主要石料类型

1~5. 硅质岩　6. 石英粗面岩　7. 硅质白云岩　8. 微晶灰岩　9. 绢云黝帘千枚状片岩　10. 含绿帘长英角岩　11. 霏细岩　12. 粗面质凝灰熔岩

图 4 - 7　通天河流域含硅质岩的砾石层

第三节　石片 - 石核剥片

本节通过对简单石核 - 石片技术体系相关石制品的技术分析，重建石核的打片列与技术特征。简单石核 - 石片的技术特征主要通过废片类产品和石片石核的特征来体现。石核作为生产石片的母体，可直接体现生产者对石料的组织，主要体现在石核毛坯选择、台面和剥片面的准备、石核剥片面的组织等方面。废片类产品是石制品组合中的主要石制品类型，石片台面反映原石核台面的状态，石片背面的特征直接体现了原石核剥片面的特征，不同类型的石片、双台面石核、多台面石核以及不同的台面类型组合均反映了不同的石核组织方式。

石核剥片策略参考技术阅读（technological reading）的研究方法[1]，首先对单件石片石核进行分析，确定石片石核毛坯与石皮含量，观察石核台面准备、剥片面组织等，最后整合所有石片石核的技术特征，总结石核剥片特征。

一、石核毛坯

登额曲流域内发现的石片石核共 76 件（见图 4 - 1）。除石核断块之外，其余石核毛坯均为带砾石面的石块，石核表面保留了不同比例的石皮（图 4 - 8），其中石皮比例占 50% 以上的石片石核最多，共 24 件，石皮含量占 26% ~ 50% 的石片石核共 19 件，还有部分石核石皮比例占石核整体的 1% ~ 25%（N = 10）。

---

① Inizan M. L., Reduron - Ballinger M., Roche H., et al., *Technology and Terminology of Knapped Stone*, Meudon: CREP, 1999.

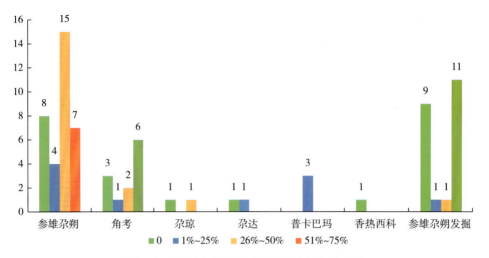

图4-8 登额曲流域石片石核石皮含量统计

二、台面与剥片面

1. 单台面石片石核

登额曲流域发现的单台面石片石核共11件（图4-9），其中参雄尕朔、角考、尕琼石器地点地表采集分别为5件、4件和1件，参雄尕朔第二文化层发掘1件。其中大多数石核为石皮台面，仅有少量为片疤台面，但无修理痕迹。石核亦不见预制的现象。剥片面剥片数量较少，并且有8件单台面石核石皮含量超过50%，占单台面石片石核的72.73%（表17）。

图4-9 单台面石片石核
1. 2013CX：090　2. 2012CXAT109：1

表 17　登额曲流域各石器点单台面石片石核台面类型与剥片数量统计

石器地点	台面类型		剥片数量				
	石皮台面	片疤台面	2 片	3 片	4 片	5 片	6 片
参雄尕朔地表采集	4	1		1	2	2	
参雄尕朔 CL2		1					1
角考	3	1	1	1	1	1	
尕琼	1		1				
合计	8	3	2	2	3	3	1

2. 双台面石片石核

登额曲流域共发现双台面石片石核 25 件（图 4 – 10），其中参雄尕朔石器地点地表采集 13 件，角考石器地点 2 件，普卡巴玛地点 3 件，参雄尕朔遗址表土层 2 件，第二文化层 5 件。双台面石核的台面类型包括 4 类，占主流的为自然台面 + 第一组剥片面的台面类型，共 21 件（表 18），其余台面类型均较少。双台面石片石核两组剥片面数量不等，其中第一组剥片数量大多为 1 ~ 2 片，第二组剥片数量大多为 2 ~ 6 片（表 19）；从两组剥片特征观察，第一组剥片数量较少，其目的可能是为了产生第二组剥片的台面。双台面石核中，石皮含量超过 50% 的共 16 件，占双台面石片石核的 64%。

表 18　登额曲流域各石器点双台面石片石核台面类型统计

石器地点	台面类型				合计
	台面1：自然台面；台面2：第一组剥片面	台面1：片疤台面；台面二：第一组剥片面	台面1：片疤台面；台面2：自然台面	均为自然台面	
参雄尕朔地表采集	13				13
参雄尕朔表土层	2				2
参雄尕朔 CL2	5				5
角考		2			2
普卡巴玛	1		1	1	3
合计	21	2	1	1	

表 19　登额曲流域各石器点双台面石片石核剥片数量统计

双台面石片石核	第一组剥片数量					第二组剥片数量							
	1 片	2 片	3 片	5 片	8 片	1 片	2 片	3 片	4 片	5 片	6 片	7 片	8 片
参雄尕朔地表采集	6	3	5			1		2	3	5	3		
参雄尕朔表土层	1	1					1	1					
参雄尕朔 CL2	2	2		1		1	1		1	1			1
角考		1		1		1		1					
普卡巴玛	2	1							2			1	

图 4 - 10　双台面石片石核

1. 2012CXAT104：1　2. 2013CX⑤：932　3. 2013CXT5①：234　4. 2013CX⑤：697　5. 2012CXT12：1

3. 多台面石片石核

登额曲流域共发现多台面石片石核 17 件（图 4 - 11），其中参雄尕朔石器点共 8 件，角考石器点 3 件，尕达石器点 1 件，参雄尕朔第一文化层 2 件，第二文化层 3 件。参雄尕朔地表采集的多台面石核可见 4 组剥片，发掘出土的多台面石核可见 5 组剥片，其余两个地点的石片石核可见 3 组剥片。多台面石核的台面类型组合多样，但所有石核的第一组剥片的台面均为自然台面，后一组剥片或以前一组剥片面为台面，或以第一组剥片面为台面进行石片剥取。每一组剥片面数量不等，

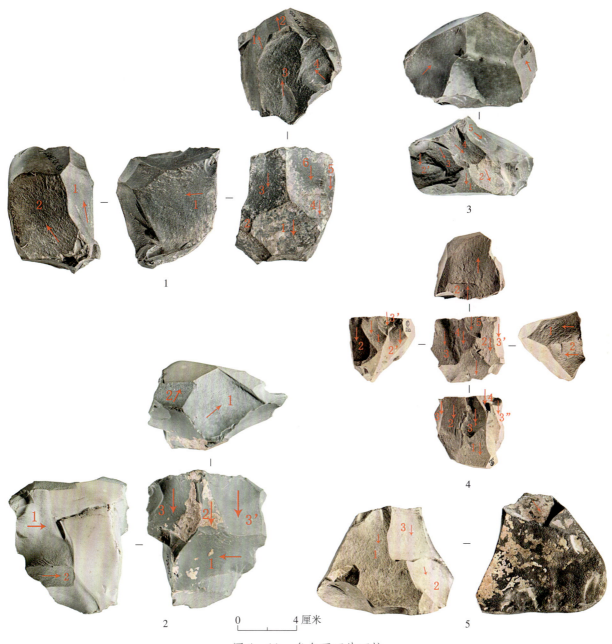

图 4 - 11　多台面石片石核

1. 2015CX：050　2. 2012CXT92：1　3. 2013CX⑤：933　4. 2013CX⑤：562　5. 2013CX⑤：443

其中第一组剥片大多为 1 片，第二组剥片数量相对较多，但每组剥片数量多集中在 1 ~ 4 片，剥片数量超过 5 片的较少（表 20）。

三、剥片面组织

剥片面组织体现古人类对石核剥片的计划与安排，体现石核的开发方式与打片方向。通过观察，登额曲流域的石片石核开发方式相对简单，包括单面单向连续开发（N = 11）、两面单向开发（剥片面相交）（N = 21）、两面单向开发（剥片面不相交）（N = 3）和多面单向开发（N = 17）四种模式（如图 4 - 12）。其中两面单向开发和多面单向开发的石片石核体现了古人类注重对石片石核的转向开发。

表 20　登额曲流域各石器点多台面石核剥片数量统计

石器地点	剥片组	1 片	2 片	3 片	4 片	5 片	6 片	7 片
参雄尕朔地表采集	第一组	2	3	2		1		
	第二组	1	1	1	1	3		1
	第三组	1	4	2	1			
	第四组	2	1	1				
参雄尕朔发掘出土	第一组	4	1					
	第二组	1	1	2		1		
	第三组	2	2	1				
	第四组	2			1			
	第五组						1	
角考	第一组	2		2				
	第二组		3			1		
	第三组	2		1	1			
尕达	第一组				1			
	第二组					1		
	第三组			1				

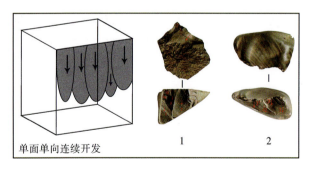

单面单向连续开发　　　　1　　　　2

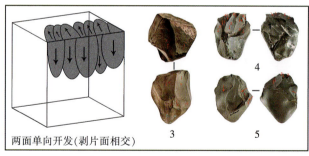

两面单向开发(剥片面相交)　　3　　4　　5

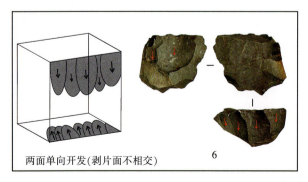

两面单向开发(剥片面不相交)　　6

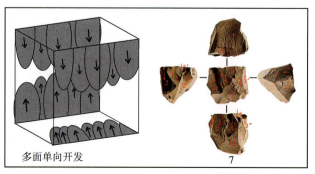

多面单向开发　　　　7

图 4-12　石核剥片面组织形式示意图

1. 2013CX：090　2. 2012CXAT109：1　3. 2012CXAT104：1　4. 2013CX⑤：932　5. 2013CXT5①：234　6. 2012JDA：99
7. 2013CX⑤：562

综上所述，登额曲石片石核毛坯均为砾石石块，石核表面保留了不同比例的石皮，未见石核预制。单台面石核台面类型主要为自然台面，双台面石核与多台面石核的第一组剥片仍以自然台面为主要的台面类型，石核后续剥片注重对石料的转向开发，新的石核剥片善于利用前一组剥片面为台面进行石片剥取。每组剥片面的片疤数量相对较少，以剥取 1～5 片为主。结合石核保留的石皮比例、片疤数量和周边的石料状况，推测登额曲流域的石片石核利用并不十分充分。

第四节　细石叶生产

登额曲流域发现细石核共 133 件，大多为楔形细石核，锥形细石核仅见于参雄尕朔和角考石器点，共 4 件。其中参雄尕朔、角考、尕琼石器点细石核类型全面，包含各生产阶段的细石核（表 21）。细石叶工艺研究主要涉及楔形细石核，通过观察各个生产阶段细石核的关键生产要素如细石核毛坯类型、台面、作业面与楔状缘等的特征，结合细石核台面、作业面更新石片和细石叶，总结细石核预制与细石叶生产过程中的技术特征，建立起登额曲流域细石叶生产的过程。

表 21　登额曲流域各石器点细石核类型统计表

石器地点		预制阶段	剥片阶段	耗竭阶段	断块	锥形	合计
地表采集	参雄尕朔	15	10	4	5	1	35
	角考	8	22	13	2	2	47
	西琼达		1				1
	尕琼	2	1	1	1		5
	尕达	1					1
	普卡巴玛	1	1				2
	古沃达		3				3
	章齐达			1			1
发掘出土	表土层	1	2				3
	CL1	2	8	3	2		15
	CL2	6	7	1	5	1	20
合计		36	55	23	15	4	133

一、细石核毛坯类型

可辨认毛坯类型的细石核共 98 件。毛坯类型包括两种：一种为石片（图 4 – 13，1、2），一种为砾石石块（图 4 – 13，3）。其中以石片为毛坯的细石核占多数，共 81 件，占可辨毛坯类型细石核的 82.65%（表 22），其余细石核毛坯类型为砾石石块，少量细石核毛坯不可辨别。

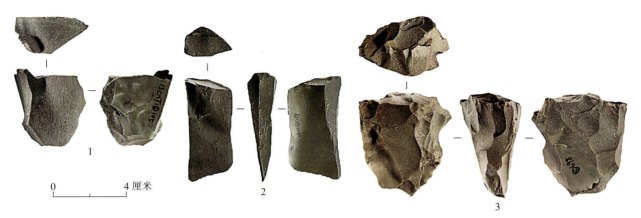

0　　　　　4 厘米

图 4 – 13　　细石核毛坯类型

1、2. 石片毛坯（2013CXT1②：105、2013CX⑤：219）　3. 砾石石块毛坯（2013CX⑤：698）

表 22　　登额曲流域各石器点石片细石核毛坯数量统计

参雄尕朔地表采集	参雄尕朔发掘出土	角考	西琼达	尕琼	普卡巴玛	古沃达	章齐达	总计
24	22	30	1	1	1	1	1	81

二、细石核预制

台面预制包括两种方式：一为直接利用石片毛坯的台面做细石核的台面，不做预制（如图 4 – 13，1、2）；另一种为沿台面四周向内打下浅平小疤预制台面（如图 4 – 13，3）。以石片为毛坯的细石核，其后缘和剥片面棱脊直接利用石片的两个侧缘，本身具有刃状形态，不做其他预制（图 4 – 13，1、2）；以砾石石块为毛坯的细石核则对后缘和剥片面棱脊进行预制，其方法是沿台面向下剥片形成棱脊，后缘预制存在单面加工（N = 24）（如图 4 – 14，4）和两面加工（N = 37）（如图 4 – 14，1、3）两种方式，旨在形成刃状楔状缘。

三、细石核更新

台面更新过的细石核有 72 件，更新方式包括全部更新和局部更新。全部更新的痕迹在细石核台面上很难观察到，其证据是遗址中发现的细石核台面更新石片，共 28 件，此类石片的台面保留了原有剥取细石叶的阴痕；局部更新的方式则与细石核台面预制方式一致，即沿台面周缘向内打下浅平、细小的片疤，这些片疤由于打破了细石叶阴痕，故细石核作业面上的细石叶阴痕看不到打击点等特征（如图 4 – 14，2、7）。所有细石核中共有 44 件细石核可见局部更新的痕迹，是主要的台面更新方式。

作业面更新旨在获得可继续剥取细石叶的剥片面。更新方式可见三种：一是沿细石核台面向下剥片，将原有作业面全部打掉，由此产生作业面更新石片，这类石片背面保留了原有剥取细石叶的阴痕；二是转移作业面，即放弃原有作业面，而转移向细石核的后缘进行继续剥片，这类细石核共有 4 件（如图 4 – 14，9）；三是沿细石核底缘向台面方向的剥片，剥取的小片疤打破原有的细石叶阴痕（如图 4 – 14，1～3），其目的是保持底缘的刃状形态。

图 4 - 14　登额曲流域细石核

1. 2012CXAT98：1　2. 2012CXAT184：1　3. 2013CX⑤：1113　4. 2013CX⑤：224　5. 2012JDA：43　6. 2012JDA：28
7. 2012JDA：36　8. 2012GQⅠT5：3　9. 2013CX：0425（注：红色方框表示打击事故）

四、细石叶剥取

通过对 86 件细石核（包括剥片阶段的细石核、部分作业面相对完整的耗竭阶段的细石核）和 9 件作业面更新石片的观察，大多数剥取细石叶的数量集中在 4～7 条，共有 66 件；锥形细石核的剥片数量大于楔形细石核，剥取细石叶至少 12 条（表 23）。9 件作业面更新石片背面细石叶阴痕数量与细石核作业面一致，大多为 4～7 条，共 7 件。

登额曲流域共发现 620 件细石叶，其中仅有参雄尕朔遗址发掘出土了完整的细石叶 6 件，其余石器点地表采集者均为细石叶残片，共 614 件（表 24）。细石叶残片中远端较少，其形态均略向下弯曲。细石叶近端台面可见，其腹面打击点明显，半锥体发达。细石叶中段两侧边均平行或略微聚合，形态规整。细石叶基本不见二次加工的痕迹，仅有零星细石叶两侧边可见疑似直接使用的痕迹。

表 23　登额曲流域各石器点细石核剥取细石叶数量统计

石器地点	2~3 条	4~7 条	8~10 条	≥12 条	合计
尕达	1	1			2
普卡巴玛		2			2
尕琼		1			1
角考	1	24	6	2	33
参雄尕朔	5	38	4	1	48
合计	7	66	10	3	86

表 24　登额曲流域各石器点细石叶数量统计

石器地点		完整	近端	中段	远端	合计
地表采集	参雄尕朔		93	174	14	281
	角考		15	25	6	46
	西琼达		1	1		2
	尕琼		19	21	4	44
	结吉多		1	3		4
	古沃达			2		2
	章齐达			1		1
	撒通达		1	1		2
发掘出土（参雄尕朔）	表土层	1	17	10	1	29
	CL1	2	57	30	10	99
	CL2	3	53	38	16	110
	合计	6	257	306	51	620

五、细石核废弃

遗址中所发现的所有细石核均为古人类废弃的产品。通过对所有细石核的观察，总结细石核废弃的主要原因是：在细石叶剥取、细石核预制或更新过程中，由于打片失误所产生的打击事故而导致细石核无法继续使用，主要事故包括细石核作业面事故、台面事故和节理过多造成的石核折断。作业面事故体现在剥取细石叶失败而导致的作业面产生台阶状折断和棱脊过平，以及在更新过程中产生的打片失败从而破坏作业面等情况（如图 4-14，1、3、5、6、8）。台面事故包括角度过大、台面边缘磨耗和台面破坏等情况（如图 4-14，2、7）。观察表明，细石核废弃的原因往往是上述原因混合出现而导致的结果，即当细石核出现一种事故时，石器生产者会对细石核进行调整，直至各种调整尝试均失败才会彻底废弃细石核。如细石核作业面和作业面更新石片背面可观察到的多层台阶状折断，是对细石核作业面多次调整失败的直接体现（如图 4-14，3、6、8）。

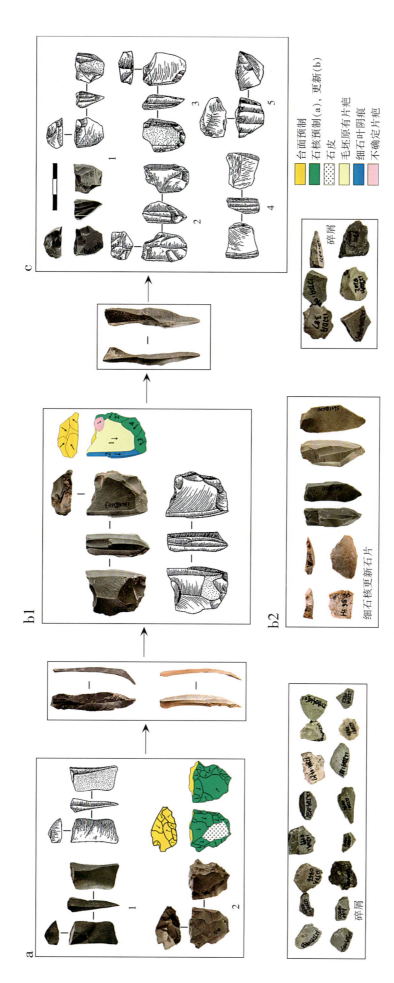

图 4-15　登额曲流域细石叶生产过程示意图

台面预制
石核预制(a)，更新(b)
石皮
毛坯原有片疤
细石叶阴痕
不确定片疤

六、小结

综上所述，登额曲流域的细石叶生产特征表现如下：

细石核类型主要为楔形细石核，锥形细石核较少。古人类主要以通天河流域的硅质岩砾石和石片为毛坯，进行细石核的预制，生产细石叶。从各个生产阶段和细石核废弃来看，古人类注重对细石核的更新和维护。大量细石叶残片和未加工的细石叶的存在，显示了登额曲流域为细石叶的生产场地，特别是细石叶数量较多的参雄尕朔地点。

上述技术分析可以建立起登额曲流域细石叶生产的技术理念与生产过程（图 4 – 15）：本地的硅质岩石料是细石叶生产的主要石料，古人类对不同毛坯类型的细石核具有不同的预制方式，以石片为毛坯的细石核对台面、作业面及石核后缘的预制较少，直接利用石片毛坯的台面和两侧边棱脊进行细石叶的剥取；以石块为毛坯的细石核则对台面以沿四周向内打片的方式进行预制，以沿台面向下的方式进行作业面棱脊的预制，对石核后缘则采取单面或双面的预制形式，以形成刃状的楔状缘。细石叶剥取阶段，注重对细石核的维护，细石核台面、作业面的更新方式比较一致，台面和作业面均存在局部更新和全部更新两种情况，台面的局部更新与预制方式一致，作业面的局部更新则表现为沿石核底缘向上的打片修整。台面和作业面的全部更新则体现在登额曲流域内发现的台面和作业面更新石片。细石核废弃研究表明，细石核的废弃原因主要是打片失误而产生的打击事故，导致细石核无法继续使用，其中作业面折断的情况占多数。而对打击事故的多次处理，则体现了古人类对细石核的高度利用。

第五节　工具制作

工具的生产体现古人类对石器毛坯的加工策略和生产活动的需要。登额曲流域发现的工具类产品共 62 件，类型相对单一，主要为边刮器和端刮器，仅角考地点可见零星凹缺器和锯齿刃器（表 25）。本节主要从毛坯选择和加工利用方式等方面分析古人类的工具制作策略。

表 25　登额曲流域各石器点工具类产品数量统计

石器地点	工具				合计
	端刮器	边刮器	凹缺器	锯齿刃器	
参雄尕朔	11				11
角考	4	9	1	1	15
西琼达	5	6			11
尕琼	4	5			9
尕达	2				2
普卡巴玛		1			1
古沃达	1				1
香热西科	1	1			2

续表 25

石器地点	工具				合计
	端刮器	边刮器	凹缺器	锯齿刃器	
章齐达	2	1			3
拉得果姆	1				1
参雄尕朔表土层	1				1
参雄尕朔 CL1	2				2
参雄尕朔 CL2	2	1			3
合计	36	24	1	1	62

1. 工具毛坯

所有工具的毛坯多为石片，共 59 件，其余 3 件为板状砾石石块，其中有 5 件工具可见原有砾石面。

2. 加工刃缘数量

工具加工刃缘的数量较少，大多数仅有 1 条加工刃缘，共 41 件；有 2 条加工刃缘的较少，共 12 件；仅 1 件小型刮削器有 3 条加工刃缘；仅 1 件刮削器四个边缘都有加工痕迹。

3. 加工部位

加工部位主要为毛坯的侧边和两端，以加工石片毛坯远端和一侧边为主要加工部位，加工位置具有一定的厚度。

4. 加工方式与方向

加工方式可见打制和压制两种。打制加工为锤击，打制片疤连续、浅平，加工方向以正向加工为主，共 48 件。压制加工的工具有 3 件，毛坯较薄，均先以直接打击的方法对边缘进行减薄，随后再进行压制修整，呈锯齿状形态。

5. 刃缘形态

刃缘形态主要为直刃和弧刃，还有少量凹刃和锯齿形刃缘。

第六节 细石叶工艺与对比研究

中国北方地区发现众多细石器遗存，有确切测年、年代较早的遗址有陕西龙王辿遗址、河北泥河湾盆地二道梁遗址、山西下川遗址[1]和柿子滩 S29 地点[2]，其中龙王辿遗址、柿子滩 S29 地点的年代为距今 27000 年左右[3]，二道梁遗址的年代为距今 18085±235 年[4]，柿子滩 S12 地点的年代

---

① 中国社会科学院考古研究所、山西省考古研究所：《下川：旧石器时代晚期遗址发掘报告》，科学出版社，2016 年。
② 山西大学历史文化学院、山西省考古研究所：《山西吉县柿子滩遗址 S29 地点发掘简报》，《考古》2017 年第 1 期。
③ 中国社会科学院考古研究所、陕西省考古研究所：《陕西宜川县龙王辿旧石器时代遗址》，《考古》2007 年第 7 期。
④ 李罡、任雪岩、李珺：《泥河湾盆地二道梁旧石器时代晚期遗址发掘简报》，《人类学学报》2016 年第 4 期。

为距今 19500～18950 年①，柿子滩 S14 地点的年代为距今 23021～22353 年②。细石核类型多样，主要有船形细石核、锥形细石核、楔形细石核。从各遗址年代来看，出现船形细石核的遗址年代相对较早，出现楔形细石核与锥形细石核的遗址年代相对较晚。有学者曾提出中国北方地区细石叶工艺的马蹄形分布带③，分别以锥形细石核和楔形细石核为代表。

关于华北地区的楔形细石核制作技术，以泥河湾盆地诸遗址为代表，盖培等总结出了"河套技术（即日本的 Yubetsu 技术）""虎头梁技术""桑干技术（即日本的 Oshoroko 技术）""阳原技术（即日本的 Togeshita 技术）"④，陈淳、王向前提出了"下川技术（即日本的 Saikai 技术）"⑤。

河套技术表现为两面修整的细石核毛坯，打掉削片的台面修整方式。阳原技术的突出特征表现在石核台面预制上，即打出制动缺口的有效台面，其石核毛坯选择自然石块或厚石片，毛坯预制为单面修整。桑干技术则表现为两面修整的石核毛坯，台面预制则表现为沿台面周缘向内，频繁打掉小疤的修整方式。虎头梁技术的细石核毛坯修整为单面修整，横向打片并不断更新的台面修整方式。下川技术的细石核毛坯修整为单面修整，台面预制为先横向修整，再沿台面前缘向后打片修整，或者只沿台面前缘向后修整。比较统一的是，各种技术的细石核剥取细石叶的位置始终集中在细石核一侧，不见作业面转移的情况。（表 26；图 4 - 16）

广阔的青藏高原是细石器遗存分布的重要区域，历年的考古工作在青藏高原上已经发现超过百余处遗存，遗憾的是大多数遗存未经正式发掘，年代问题存在众多争议。近年来，新发现的众多细石器遗存，经过一系列发掘，年代问题逐渐变得明朗。年代较早的如黑马河 1 号地点、江西

表 26　楔形细石核特征对比表

细石核工艺	石核毛坯	台面修整	细石叶剥取
河套技术	两面修整	削片，无进一步的修整	石核一侧剥片
阳原技术	"D"形，自然石块或厚石片，单面修整	有效台面（制动缺口）	石核一侧剥片，与楔状缘的结构关系未变
桑干技术	两面修整，毛坯尖端打掉小疤修整	修掉部分，更新频繁	石核一侧剥片
虎头梁技术	"D"形，单面修整	横向打片，不断更新	石核一侧剥片
下川技术	单面修整	横向修整，再沿台面前缘向后打片；或只沿台面前缘向后修整	石核一侧剥片
拉乙亥技术	"D"形，石片素材	片疤台面、打出浅平细小疤痕的修整方式	石核一侧、两侧、周身剥片均有
登额曲流域的细石核工艺	厚石片或石片，频繁更新	有效台面、四周向内，浅平细小疤痕，频繁更新	石核一侧剥片，与楔状缘的结构关系未变

① 柿子滩考古队：《山西吉县柿子滩遗址 S12 地点发掘简报》，《考古与文物》2013 年第 3 期。

② 柿子滩考古队：《山西吉县柿子滩旧石器时代遗址 S14 地点 2002—2005 年发掘简报》，《考古》2013 年第 3 期。

③ 谢飞：《河北旧石器时代晚期细石器遗存的分布及在华北马蹄形分布带中的位置》，《文物春秋》2002 年第 2 期。

④ 盖培、王国道：《黄河上游拉乙亥中石器时代遗址发掘报告》，《人类学学报》1983 年第 1 期。

⑤ Chen Chun, Wang Xiangqian, Upper Paleolithic Microblade Industries in North China and Their Relationships with Northeast Asia and North America, *Arctic Anthropology*, 1989, 26(2)：127 - 156.

沟 1 号地点，其年代距今 14000～13000 年[1]。稍晚的细石器遗存如昌都卡若[2]遗址一期中出现细石叶工艺，年代为距今 5500 年左右；拉萨曲贡遗址[3]的细石叶工艺在距今 4000 年左右；距今 3500～2800 年的昌果沟遗址也可见细石器遗存。最晚的细石器遗存为加日塘遗址[4]，其年代为距今 3400 年左右。可见，距今 14000～3000 年，青藏高原上细石器遗存分布广泛。但就细石叶工艺研究而言，目前仅见的是盖培等提出的"拉乙亥技术"[5]。

　　拉乙亥技术是以石片为毛坯，石核一面被打成凸面、另一面为平坦面，台面呈"D"形；开始时沿石核凸的一侧边缘剥取石叶，再继续沿石核由两侧缘剥取石叶并靠拢，在此过程中石核形态由毛坯逐渐经历舌状——半锥状——扁锥状——圆锥状的变化，台面由"D"形逐渐变为"O"形。此外，剥片过程中可能修整石核体的底端，使其石核形态转变为柱状。（图 4－16）

　　登额曲流域以楔形细石核为主，故技术对比暂不关注其他细石叶工艺。

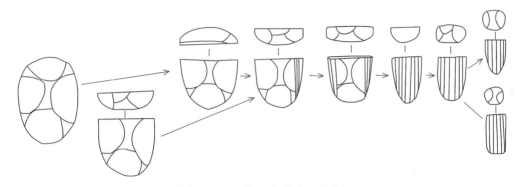

图 4－16　拉乙亥技术示意图

盖培、王国道《黄河上游拉乙亥中石器时代遗址发掘报告》，《人类学学报》1983 年第 1 期第 54 页图 6 改绘）

　　在原型选择上，登额曲细石核与"阳原技术""拉乙亥技术"的细石核原型选择相同（见表 25；图 4－17），都以厚石片或砾石石块作石核原型。除此之外，申扎双湖、聂拉木、仲巴县城北和西大滩 2 号地点的细石核均可见同样的原型类型。在细石核毛坯修整方面，登额曲流域细石叶工艺与"河套技术"和"桑干技术"存在较大差别，不见后者中的以两面修整技术预制的石核核体。细石核台面更新方面，"河套技术"表现为重复打掉削片（Spall）以创造有效台面；"阳原技术"则表现为打制制动缺口（notch）的有效台面；"桑干技术"和"虎头梁技术"表现为在台面局部修整小片疤，并频繁重复以更新局部台面；而"下川技术"中台面多为自然节理面或片疤面。登额曲流域细石核的台面更新存在两种情况，即局部剥离小石片或将台面整体打掉，但不见"阳原技术"的制动缺口；在这点上，登额曲流域细石叶工艺与"河套技术"和"拉乙亥技术"均接近。就作业面更新而言，"拉乙亥技术"与登额曲流域细石叶工艺均存在作业面转移的情况，"阳原技术"和登额曲流域细石叶工艺的楔状缘与作业面的结构关系始终未发生改变。

　　登额曲流域的细石叶工艺与上述华北地区细石叶工艺、"拉乙亥技术"年代存在差异，这说

①　Madsen, D. B., Ma, H. Z, Brantingham, J. P., et al., The Late Upper Paleolithic Occupation of the Northern Tibetan Plateau Margin, *Journal of Archaeological Science*, 2006, 33: 1433－1444.

②　西藏自治区文物管理委员会、四川大学历史系：《昌都卡若》，文物出版社，1985 年。

③　中国社会科学院考古研究所、西藏自治区文物局：《拉萨曲贡》，中国大百科全书出版社，1999 年。

④　西藏自治区文物局、四川大学考古系、陕西省考古研究所：《青藏铁路西藏段田野考古报告》，科学出版社，2005 年。

⑤　盖培、王国道：《黄河上游拉乙亥中石器时代遗址发掘报告》，《人类学学报》1983 年第 1 期。

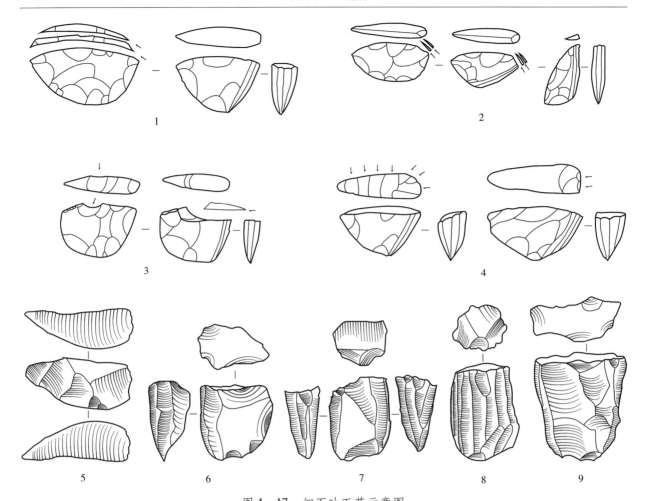

图 4 - 17　细石叶工艺示意图

1. 河套技术　2. 桑干技术　3. 阳原技术　4. 下川技术　5～9. 拉乙亥遗址细石核

[1～4 根据 Chen Chun, Wang Xiangqian, Upper Paleolithic Microblade Industries in North China and Their Relationships with Northeast Asia and North America, *Arctic Anthropology*, 1989, 26（2）: 127 - 156 改绘；5～9 根据盖培、王国道《黄河上游拉乙亥中石器时代遗址发掘报告》，《人类学学报》1983 年第 1 期第 49～59 页图改绘]

明不同时代的史前人群采取了相似的技术体系。其技术体系的差距，值得做初步比较。

　　通过以上几方面的比较可见，登额曲流域细石叶工艺在原型选择、楔状缘预制、台面更新以及细石叶剥取等方面与"阳原技术"和"拉乙亥技术"均表现出较高的相似性，即以石片或石块为原型，单面或两面修整楔状缘，修整浅平、细小修疤的台面更新方式，集中在石核一侧的剥片方式等。

　　通过细石叶工艺对比研究，可大致获知登额曲流域细石叶工艺的概况，显示出其技术特征与华北地区、黄河上游低地区域的"拉乙亥技术"存在密切关联。关于青藏高原细石叶工艺的起源问题，有学者认为是华北细石叶工艺传播的结果，但传播路线不甚明确①；也有学者提出青藏高原细石叶工艺为本地起源②，但证据依然不足。

　　通过以上技术方面的比较，本文认为青藏高原细石叶工艺与华北地区的细石叶工艺存在联系，而要探讨青藏高原细石叶工艺的起源和传播路线等问题还需更多的证据。

①　张东菊、董广辉、王辉等：《史前人类向青藏高原扩散的历史过程和可能驱动机制》，《中国科学：地球科学》2016 年第 8 期。

②　李永宪：《雅鲁藏布江中上游的石器遗存——兼论西藏高原细石器遗存相关问题》，《南方民族考古》（第四辑），四川科技出版社，1992 年。

第五章 登额曲流域古人类的环境适应

面对不断变化的环境，人类善于了解自己所处的环境并不断调整自己的行为，从而达到一种最佳的适应状态以求生存，人类行为对环境的适应是文化变迁的重要因素之一。

第一节 全新世以来青藏高原东部的气候环境

第四纪以来，青藏高原的加剧隆升对中国地理格局和大气环流系统产生了重要的影响，对印度洋暖湿气流的阻挡，造成了青藏高原内部和中国西北地区的气候干旱。近年来，孢粉、古湖面、冰芯等方面的研究，使得古环境和古气候研究取得了重要的成果，高分辨率和更小区域的古环境变化格局得以重建。

末次冰期结束之后，高原气候逐渐回暖，夏季风势力增强，降水有所增加，部分湖泊开始扩张，直到新仙女木事件（YD）的到来（青藏高原新仙女木事件大部分区域集中在距今 11000～10000 年，个别地区有差异，但最冷的时期基本一致，集中在距今 10500～10070 年），使气温骤降。

进入全新世，气温迅速上升。全新世初期，气候虽然好转但也存在波动，大暖期的到来，使高原水热状况达到了最佳，但高原内部不同区域的大暖期起始时间略有差异。如藏南地区和若尔盖在距今 9000～3000 年气候变暖[①]；青海湖在距今 1 万年左右时，湖滨发育针阔叶林，在距今 8000～3000 年进入森林繁盛阶段[②]；柴达木盆地高温期发生于距今 9400～5100 年[③]；可可西里等地大约在距今 8000～5500 年是温暖湿润的时期[④]；色林错的高温期则大约在距今 8400～5500 年[⑤]。

根据上述研究，大暖期的来临在青藏高原东北部、西部和南部较早，为距今 9000 年左右，中部地区略晚，在距今 8000 年左右。而结束的时间则正好相反，中部在距今 4000 年左右，而其余

① 李炳元、王富葆、杨逸畴等：《试论西藏全新世古地理的演变》，《地理研究》1982 年第 4 期。李吉均：《中国西北地区晚更新世以来环境变迁模式》，《第四纪研究》1991 年第 3 期。刘光秀、沈永平、王苏民：《若尔盖盆地 RH 孔 150ka 以来的植被历史及其气候记录》，见《青藏高原形成演化、环境变迁与生态系统研究学术论文年刊》，科学出版社，1994 年。
② 孔昭宸：《青海湖全新世植被演变及气候变迁——QH85 - 15C 孔孢粉数值分》，《海洋地质与第四纪地质》1990 年第 3 期。
③ 张彭熹、张保珍：《柴达木地区近三百万年来气候环境演化的初步研究》，《地理学报》1991 年第 3 期。
④ 李炳元：《青海可可西里苟弄错地区近 2 万年来的环境变化》，《科学通报》1994 年第 18 期。
⑤ 顾兆炎：《湖相自生沉积作用与环境——兼论西藏色林错沉积物记录》，《第四纪研究》1994 年第 2 期。

地区在距今 3000 年左右。总体而言，青藏高原大暖期的起始时间早于中国东部地区，这反映了高原对全球气候变化的敏感性①。

高原北部的古里雅冰芯和东北部的敦德冰芯对全新世温度变化有详细的记录，二者反映的气候变化的基本特征是：从新仙女木事件之后到距今 10500 年左右为高原的升温期；而到了距今 7000 年时，高原经历了一次突然降温事件；距今 7200～5000 年是一个相对寒冷的时期；在距今 5000 年之后，温度开始回升②。虽然出现了明显的降温事件，但全新世总体的气候特征是暖湿为主的，属于广义"大暖期"的范围之内。

青藏高原东部地区的若尔盖、青海湖、甘孜以及黄河源区的古环境研究显示，高原东部地区在距今 8000～6000 年，植被类型以森林草原为主，松、桦、榛等乔木花粉含量高，湖泊达到最高水面，黑垆土等古土壤在高原东北部（黄河源区、共和盆地、祁连山麓及山前）发育③。孢粉、古湖面、土壤、冰芯等研究均显示，全新世大暖期（8ka～5ka BP）时，水热组合达到最佳④。

第二节　技术组织

"技术组织（technological organization）"的概念是在人类行为生态学的视角下对石制品的研究，它将石器研究从功能性解释拓展到了技术策略（technological strategy）多样性研究的方面。技术组织研究回答的问题是技术何时值得被投入⑤。

技术被当作人类在石制品制作、使用、运输和废弃等方面的一种策略。技术组织研究关注经济和社会变化对技术策略的影响，关注技术行为的动态过程。这一动态过程反映的是引导人类行为的技术方面的计划（plan）或策略（strategy），而人类的计划或策略是对资源环境、经济和社会背景的响应⑥。在一定的环境条件下，技术策略权衡社会和经济条件，并通过石制品设计（design）和石制品所作用的活动分布（activity distribution）来实现。技术策略研究是连接遗址功能、土地利用模式、移动性模式和技术组织的纽带⑦。

Binford（宾福德）⑧ 在研究爱斯基摩人的民族学材料时，关注这些发现对考古记录的形成和

---

① 刘光秀、施雅风、沈永平等：《青藏高原全新世大暖期环境特征之初步研究》，《冰川冻土》1997 年第 2 期。
② 李潮流、康世昌：《青藏高原不同时段气候变化的研究综述》，《地理学报》2006 年第 3 期。
③ 刘光秀、施雅风、沈永平等：《青藏高原全新世大暖气环境特征之初步研究》，《冰川冻土》1997 年第 2 期。潘保田、王建民：《末次间冰期以来青藏高原东部季风演化的黄土沉积记录》，《第四纪研究》1999 年第 4 期。侯光良、赖忠平、孙永娟等：《全新世大暖期对青藏高原东北缘人类活动的影响》，《干旱区地理》2013 年第 6 期。周笃珺、马海州、P. Jeffrey Brantingham 等：《晚更新世以来青海北部的人类活动与湖泊演变》，《盐湖研究》2003 年第 2 期。潘保田、徐叔鹰：《青海高原东部晚第四纪自然环境演化探讨》，《科学通报》1989 年第 9 期。张玉芳、张俊牌、徐建明等：《黄河源区全新世以来的古气候演化》，《地球科学》（中国地质大学学报）1995 年第 4 期。陈克造：《四万年来青藏高原的气候变迁》，《第四纪研究》1990 年第 1 期。
④ 潘保田、王建民：《末次间冰期以来青藏高原东部季风演化的黄土沉积记录》，《第四纪研究》1999 年第 4 期。
⑤ Kelly, R. L., *The Lifeways of Hunter – Gatherers*, Cambridge University Press, 2013.
⑥ Nelson, M. C., The Study of Technological Organization, *Archaeological Method and Theory*, 1991(3): 57 – 100.
⑦ Binford, L. R., Organization and Formation Processes: Looking at Curated Technologies, *Journal of Anthropological Research*, 1979, 35: 255 – 272; Parry, W. J., Kelly, R. L., Expedient Core Technology and Sedentism, In *The Organization of Core Technology*, edited by Johnson, J. K., and Morrow, C. A., 1987, pp. 285 – 304, Boulder: Westview Press.
⑧ Binford, L. R., Forty – seven Trips, In *Stone Tools as Cultural Markers*, edited by Wright, R. V. S., pp. 24 – 36, Canberra: Australian Institute of Aboriginal Studies, 1977.

对过去文化体系的解释有何影响。他观察到，爱斯基摩人会根据活动的不同、使用地点的差异等，对工具有不同的处理或使用不同的工具组合，同时，原料的获取、工具的设计生产及废弃受到资源的时空分布、工具的设计目标、实际用途、使用寿命和季节性等因素的影响①。他指出，文化系统的组织动力是建立在原料的采购和产品废弃关系的基础之上的。他将技术看作是一种策略，用以理解在一定环境背景下，不同使用地点和不同策略下器物组合的变化。

策略被看作是人类解决问题的过程，而这一过程是对人类与环境相互作用下产生的条件做出的反应，随着人类与环境的相互作用发生变化，人类的技术策略也随之发生改变。影响古人类石器技术策略的重要因素包括石料的可获性、石料质量、技术限制、石制品的功能需求、潜在风险和流动性策略等，它们之间的关系并非单向，而是互相影响的。而根据人类行为生态学，人们的策略总是追求以最小的付出取得最大的回报。

技术组织研究中，通常有两种策略被识别：精致性（curation）策略和权宜性（expediency）策略。也有学者提出了第三种策略，即机会性（opportunistic）策略。机会性策略是指面对突发的、不可预测的情况下产生的技术策略。值得注意的是，组织策略并不是限制在一类人工制品或工具集合中，它可以确定各种促进人类利用环境的计划，这些计划也可以以各种方式执行，而器物形态（artifact forms）和器物组合结构（assemblage composition）是不同技术策略应用的结果②。

精致性策略和权宜性策略是被用来描述在不同文化系统中，技术的相对组织强度和投入时间的差异。精致性策略包括先进的生产、运输、修型和储存技术，但它不需要包含以上全部内容，它缓解了工具或原料可用性与使用地之间不一致的矛盾，解决了移动的资源需求和其他活动时间压力较大等问题，尽可能延长了工具的使用寿命。从宾福德对爱斯基摩人民族学材料的分析中得到启发，精致性策略实质上是一种对未来不确定情况提前做出的响应（anticipatory），在营地提前将工具制作或修整好，狩猎采集者将这些工具当作个人装备（personal gear）随身携带以方便需要时可以直接使用。从技术上来说，这必然导致石制品的便携性、可维护性和较长的使用寿命，而相对优质的石料是保证石制品上述特征的主要因素。精致性策略的另一个结果是，石制品维护通常发生在石制品生产之前，与石料的获取相似，这些活动都会发生在其他活动之外，是一种嵌入式的时间投入策略（embedded strategy），这就导致了石制品生产、维护与废弃场所的分离，根据不同的石制品类型、碎屑比例可区分遗址的不同功能。

古人类选择精致性策略可能因为：①资源可用性较差（石料产地和使用地不一致；原料分布分散，获得较难）；②除石器生产之外，其他活动需要的时间较少，即石器生产的时间压力较小；③其他活动的需求，可将其简单理解为石制品的功能。

权宜性策略代表了在使用时间和地点都可知的情况下，尽可能减少对技术的投入③，它要求足

①　Binford, L. R., Organization and Formation Processes: Looking at Curated Technologies, *Journal of Anthropological Research*, 1979, 35: 255 – 272.

②　Nelson, M. C., The Study of Technological Organization, *Archaeological Method and Theory*, 1991(3): 57 – 100.

③　Bleed, P., The Optimal Design of Hunting Weapons: Maintainability or Reliability, *American Antiquity*, 1986(51): 737 – 747; Parry, W. J., Kelly, R. L., Expedient Core Technology and Sedentism, In *The Organization of Core Technology*, edited by Johnson, J. K. and Morrow, C. A., 1987, pp. 285 – 304, Boulder: Westview Press.

够的原料和时间①。权宜性策略取决于以下三个条件：①存储原料，或活动发生地与原料产地相近②；②没有时间压力——生产工具的时间是使用活动的一部分③；③长期的营地，或重复利用一个营地④。

Kuhn 从供应（supply）的角度出发，提出了"装备（provisioning）"的概念⑤，是指对工具生产、运输和维护计划的深度（depth of planning），以满足潜在需求的策略，它和宾福德的"精致性策略"和"权宜性策略"有异曲同工之妙。不同的装备策略和不同的成本和收益相关联，每种策略都面临着不同的原料或成品的获取、改造（预制）、运输等问题。"装备个人（provisioning individuals）"与宾福德所提的"个人装备（personal gear）"⑥一致，是针对个人而言的，为了应对不可知的需求，狩猎采集者个人总是会随身携带有限的工具包（toolkit）。同时，个人拥有适量的工具包也是分担运输和维护成本的有效手段⑦。但"装备个人"需要工具或原料的持续可运输性，这就与工具的便携性（portability）设计相矛盾，同时也由于连续运输的成本使得狩猎采集者无法携带备份工具或修理工具，造成工具包中的工具若破损而无法维护。在持续运输成本较高的背景下，"装备个人"应最大限度地追求工具的使用价值而非潜在开发价值，因此应更多地携带工具成品。根据不同活动发生的位置不同，Kuhn 认为应对预期需求的另一个策略是为可能需要工具的地方提供适当的原料或工具，即"装备地点（provisioning of places）"。狩猎采集者"装备地点"选择的难处在于难以精准地预测活动发生的地点和时间，并且受到居址稳定性和使用时间，以及在景观中获取资源方式的影响。与"装备个人"策略相反，"装备地点"的策略不会形成较高的持续性运输成本，并且具有相对较大的存储空间，所以更倾向于最大限度地利用工具或原料的潜在价值。

学者们通过讨论石制品设计的五个方面来反映石器的技术组织，包括可靠性（reliability）、可维护性（maintainability）、可运输性（transportability）、灵活性（flexibility）和多功能性（versatility）。

可靠性设计最早由 Bleed 提出⑧，它可以确保工具在任何时间都可用，要求石制品具有坚固的结构、精心的设计和安装，从某种程度上来说它的设计是过度的（overdesign）。工具维护方面，

① Nelson, M. C. , The Study of Technological Organization, *Archaeological Method and Theory*, 1991(3):57 – 100.

② Bamforth, D. , Technological Efficiency and Tool Curation, *American Antiquity*, 1986, 51(1):38 – 50; Parry, W. J. , Kelly, R. L. , Expedient Core Technology and Sedentism, In *The Organization of Core Technology*, edited by Johnson, J. K. and Morrow, C. A. , 1987, pp. 285 – 304, Boulder: Westview Press.

③ Torrence, R. , Time Budgeting and Hunter – Gatherer Technology, In *Bad Year Economics: Cultural Responses to Risk and Uncertainty*, edited by Paul Halstead and John O'Shea, 1983, pp. 11 – 22, Cambridge: Cambridge University Press.

④ Parry, W. J. , Kelly, R. L. , Expedient Core Technology and Sedentism, In *The Organization of Core Technology*, edited by Johnson, J. K. and Morrow, C. A. , 1987, pp. 285 – 304, Boulder: Westview Press.

⑤ Kuhn, S. L. , *Mousterian lithic technology: an ecological perspective*, 1995, New Jersey: Princeton University Press.

⑥ Binford, L. R. , Forty – seven Trips, In *Stone Tools as Cultural Markers*, edited by Wright, R. V. S. , 1977, Canberra: Australian Institute of Aboriginal Studies, pp. 24 – 36; Binford, L. R. , Organization and Formation Processes: Looking at Curated Technologies, *Journal of Anthropological Research*, 1979, 35:255 – 272.

⑦ Marshall, L. , Sharing, Talking and Giving: Relief of Social Tensions among the ! Kung Bushmen, In *Kalahari Hunter – Gatherers: Studies of the ! Kung San and Their Neighbors*, edited by Lee, R. and DeVore, I. , 1976, pp. 349 – 371, Cambridge, MA: Harvard University Press.

⑧ Bleed, P. , The Optimal Design of Hunting Weapons: Maintainability or Reliability, *American Antiquity*, 1986(51):737 – 747.

可靠性设计需要有足够的可替代的部件，但这会导致工具包过大。可靠性设计的优势在于它加强了工具的使用效率，延长了工具的使用时间，并且是灵活且充足的，其制作和维护工具的时间必须是在工具使用时间之外的。Bleed 认为可靠性设计的工具适应于时间、地点和狩猎对象可知的情况，Torrence 则强调了追踪时间的重要性，需要工具在当下快速且高效[1]。

Shott 将灵活性定义为工具的用途广泛，但形态未发生变化[2]。Nelson 则区分了两种用途广泛的设计策略：一种是改变工具的形式以实现多功能的需求，另一种是以一种通用的形式来满足各种需求[3]。

多功能性是指工具可以完成多项任务，如 Shott 用每个工具的不同功能边缘的数量来衡量多用途的设计。灵活与多用途的设计使得工具具有广泛的潜在使用选择，并能简化工具组合。

石料与工具使用地点的不一致性导致了工具需要运输的情况。可运输性与移动性相关，为了满足移动性，运输的工具必须较小、较少且轻，并且在运输过程中不易损坏[4]。若运输的工具较少，那它们会有灵活或多样的功能以满足移动过程中的多种需求[5]，并且可运输性工具在废弃之前得到了最大限度的使用[6]。

技术策略也并非绝对，它会随着条件的变化而发生转变。影响技术策略变化的因素包括石料可获[7]、遗址性质[8]、目标活动、移动性[9]等的相互作用，其关系错综复杂，每个遗址具有各自的特征，需要具体分析。总之，精致性的技术组织模式是对工具生产、工具维护的投入较大，它获得了工具使用的最大化。而权宜性的技术组织模式则节省了工具生产和维护阶段的投入。

前文技术分析表明，登额曲流域的简单石核 – 石片技术产品中，石核类产品不见预制，虽然打片过程中，古人类注重对石片石核的转向开发，但石核上保留较多的自然石皮面、剥片数量较

---

[1] Torrence, R. , Time Budgeting and Hunter – Gatherer Technology, In *Bad Year Economics: Cultural Responses to Risk and Uncertainty*, edited by Paul Halstead and John O' Shea, 1983, pp. 11 – 22, Cambridge: Cambridge University Press.

[2] Shott, M. , Technological Organization and Settlement Mobility: An Ethnographic Examination, *Journal of Anthropological Research*, 1986, 42: 15 – 51.

[3] Nelson, M. C. , The Study of Technological Organization, *Archaeological Method and Theory*, 1991(3): 57 – 100.

[4] Davis, E. H. , The Savage Seris of Sonora, *Scientific Monthly*, 1945, 60: 193 – 268; Gould, R. A. , Yiwara: The Foragers of the Australian Desert, 1969, New York: Charles Scribner's Sons; Lee, R. , *The ! Kung San: Men, Women, and Work in a Foraging Society*, 1979, Cambridge: Cambridge University Press; Schiffer, M. B. , Skibo, J. M. , Theory and Experiment in the Study of Technological Change, *Current Anthropology*, 1987, 28(5): 595 – 622.

[5] Kelly, R. L. , The Three Sides of a Biface, *American Antiquity*, 1988, 53: 717 – 734; Lee, R. , *The ! Kung San: Men, Women, and Work in a Foraging Society*, 1979, Cambridge: Cambridge University Press.

[6] Keeley, L. H. , Hafting and Retooling: Effects on the Archaeological Record, *American Antiquity*, 1982, 47(4): 798 – 809.

[7] Bamforth, D. , Technological Efficiency and Tool Curation, *American Antiquity*, 1986, 51(1): 38 – 50; Binford, L. R. , Organization and Formation Processes: Looking at Curated Technologies, *Journal of Anthropological Research*, 1979, 35: 255 – 272; Binford, L. R. , Stone N. M. , "Righteous Rocks" and Richard Gould: Some Observations on Misguided "Debate", *American Antiquity*, 1986, 50(1): 151 – 154; Gould, R. A. , Saggers, S. , Lithic Procurement in Central Australia: A Closer Look at Binford's Idea of Embeddedness in Archaeology, *American Antiquity*, 1985, 50 (1): 117 – 136; Jelinek, A. J. , Form, Function, and Style in Lithic Analysis, In *Cultural Change and Continuity: Essays in Honor of James Bennett Griffin*, edited by Cleland, C. E. , 1976, pp. 19 – 33, New York: Academic Press.

[8] Binford, L. R. , Organization and Formation Processes: Looking at Curated Technologies, *Journal of Anthropological Research*, 1979, 35: 255 – 272; Kelly, L. R. , The Three Sides of a Biface, *American Antiquity*, 1988, 53: 717 – 734.

[9] Parry, W. J. , Kelly, R. L. , Expedient Core Technology and Sedentism, In *The Organization of Core Technology*, edited by Johnson, J. K. and Morrow, C. A. , 1987, pp. 285 – 304, Boulder: Westview Press; Kelly, L. R. , The Three Sides of a Biface, *American Antiquity*, 1988, 53: 717 – 734; Shott, M. , Technological Organization and Settlement Mobility: An Ethnographic Examination, *Journal of Anthropological Research*, 1986, 42: 15 – 51.

少等情况说明了石核在剥片过程中，古人类对剥片的投入和石核的利用有限。同时，以简单石片为毛坯的工具生产在登额曲流域内的数量也极少，仅有的工具也不存在复杂的加工技术，这也反映了古人类在石片工具加工方面投入的时间也相对较少。

细石叶生产方面则体现了不同的生产策略。对楔形细石核生产"操作链"的重建显示，古人类根据细石核的毛坯类型对细石核进行不同方法的预制加工，剥片过程中，则注重对细石核的修理和维护，对打击事故进行了多次处理，直至细石核因技术原因或尺寸原因完全不能继续使用才将其废弃，这都体现了细石叶生产的精致性策略。除楔形细石核外，遗址中还有少量锥形细石核，虽然暂未建立起锥形细石核生产细石叶的完整"操作链"，但仍可看到，登额曲流域内存在多条细石叶生产的链条，这也说明了古人类对细石叶生产的高投入。

从资源获取方面来看，动植物资源的利用在遗址中目前尚未有所反映，但通天河沿岸具有丰富的石料资源，登额曲流域人群的石料获取模式为就地获取，而非远距离搬运。原料的充足供应或是古人类选择权宜性策略生产石片的原因之一。但细石叶技术设计的精致性又该如何解释？

精致性的技术组织策略是应对原料供应与使用区域不统一的有效策略，尽可能地延长了工具的使用寿命，所以它往往包含了对石制品的反复维护与修理。对细石叶生产来说，它满足了精致性策略的技术要求，而细石核、细石叶具有高度的便携性，适合高移动性、时间要求高的活动。我们认为，在石料资源供应相对充足的情况下，功能需求成为主导技术组织策略的主要因素。所以在石料供应充足的情况下，登额曲流域的古人类依然选择了精致性的技术组织策略生产细石叶。同时，这也从侧面说明，细石叶的使用地点可能并不在参雄尕朔地点，它可能作为古人类的"个人装备"被带离遗址。

综上所述，登额曲流域人群权宜性策略与精致性策略共存，它们是对流域内石料供应和活动需求的共同响应，在石料供应充足的情况下，活动需求成为决定古人类技术组织策略选择的主要因素。

第三节 流动性与遗址利用

流动性（Mobility）——狩猎采集者研究中最重要的话题。从 20 世纪 60 年代的"Man the hunter"会议开始，狩猎采集者被认为具有较高的移动频率。20 世纪 70 年代开始，考古学家们对狩猎采集者移动的季节性产生了浓厚的兴趣。随后，在人类行为生态学（Human Behavior Ecology）框架下，研究者们开始探讨狩猎采集者移动的频率、移动范围等问题[1]。民族学调查对狩猎采集者移动性研究产生了重要的影响，以宾福德对爱斯基摩人的研究成果最为突出。

宾福德认为考古学家只有通过民族学的观察，才能获得对过去的理解并赋予考古记录以意义。通过对爱斯基摩人的民族学观察，宾福德提出了狩猎采集者的生计栖居模式（subsistence – settle-

---

[1] Kelly, R. L., *The Life Way of Hunter – gatherers: The Foraging Spectrum*, Cambridge University Press, 2013.

ment pattern），探讨他们的流动性，并反思考古材料的形成①。宾福德的模式并非划分狩猎采集者生计栖居模式的类型，而是在描述一个由简单到复杂的生计系统，他关注影响狩猎采集者居址性的整体移动（camp movement）和个人觅食/移动（individual foraging）的因素，而非移动频率的问题②，由此他提出了觅食者（forager）和集食者（collector）两种模式。这两种模式是狩猎采集者对资源分布情况不同的响应策略。

觅食者（forager）模式（图 5 - 1）来自于对生存在赤道热带雨林或极地等环境下的狩猎采集者的观察，其环境特征表现为各个资源均匀分布。流动性特征包括：较高频率的驻地式/居址移动（residential mobility），较低的生产投入和规律的每日食物获取策略。在环境均一的背景下，狩猎采集者活动范围内的资源差异小，个人外出获取食物容易并可在当天带回营地，其后勤移动（logistical move）的范围和时间有限。在觅食者模式中，狩猎采集者通过居址移动的方式获得食物并映射（map onto）区域的资源分布。在资源分布均一的情况下，整体搬迁的频率会较高，但移动范围有限，这会造成考古遗址形成上的不可见性或强烈的季节性等。

集食者（collector）模式（图 5 - 2）是狩猎采集者对资源分布不均匀情况的适应性策略。在资源时空分布不均匀时，整体移动（camp move）的风险大于个人外出（individual move）寻找资源，狩猎采集者会选择占据某一关键资源，但这同时意味着远离了其他重要的资源，此时，狩猎采集者会形成专门的任务小组，外出寻找其他资源，其外出目的是明确的③。任务小组无需当天返回营地，由此会形成较大的后勤移动的范围，出现远距离移动的现象。反映在考古遗址中，则会出现不同的特定功能的遗址，如野外临时营地、观察点等，也会出现存贮行为或设施。

两种模式并非狩猎采集者生计栖居系统的两个极值，后勤式的组织模式包含了觅食者组织模式的所有属性，并附加了额外的特点④。我们可以说，两种模式策略同时存在于一个狩猎采集者群体中，在不同环境条件下或原有环境条件发生变化时（即便是在资源分布均一的热带雨林或基地地带，资源的分布也会具有一定的季节性，或发生变化），狩猎采集者会采取不同的策略。决定狩猎采集者采取觅食者还是集食者的生计栖居模式的关键因素在于，居址整体移动（camp move）和个人/任务小组移动（individual move）的比重。在资源时空分布相对均一的条件下，整体移动的风险降低，则狩猎采集者更倾向于觅食者的模式。在资源时空不均的情况下，狩猎采集者整体移动不仅不会解决问题，反而会增加风险，而对关键资源的占据则极其重要。此种情况下，狩猎采集者居址移动的频率就会大大降低，而更倾向于个人后勤式的移动将其他所需资源带回中心营地。在这种情况下，狩猎采集者无需当天返回，由此会产生远距离的个人后勤式的移动，移动范围扩大。

---

① Binford L. , Willow Smoke and Dog's Tails: Hunter - Gatherer Settlement Systems and Archaeological Site Formation, *American Antiquity*, 1980, 45 (1):4 - 20.

② Kelly R. L. , *The Life Way of Hunter - gatherers: The Foraging Spectrum*, Cambridge University Press, 2013.

③ Binford L. , Willow Smoke and Dog's Tails: Hunter - Gatherer Settlement Systems and Archaeological Site Formation, *American Antiquity*, 1980, 45 (1):4 - 20.

④ Binford L. , Willow Smoke and Dog's Tails: Hunter - Gatherer Settlement Systems and Archaeological Site Formation, *American Antiquity*, 1980, 45 (1):4 - 20.

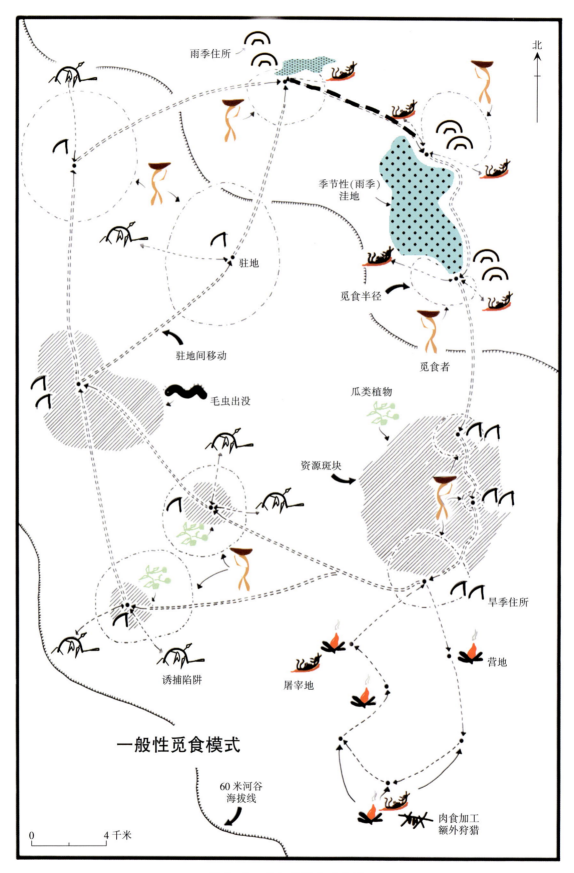

雨季住所

季节性（雨季）
洼地

觅食半径

驻地

驻地间移动

毛虫出没

瓜类植物

资源斑块

觅食者

北

旱季住所

营地

诱捕陷阱

屠宰地

一般性觅食模式

肉食加工
额外狩猎

60 米河谷
海拔线

0　　　　4 千米

图 5 – 1　觅食者模式示意图

（根据 Binford，Willow Smoke and Dog's Tails：Hunter – Gatherer Settlement Systems and Archaeological Site Formation，*American Antiquity*，1980，45（1）：4 – 20 改绘。绘图：徐海伦）

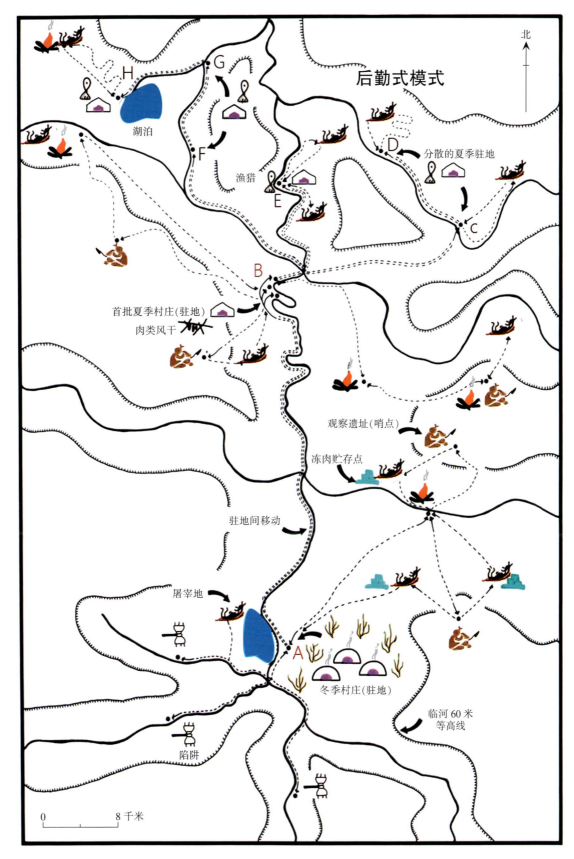

北

后勤式模式

H

G

湖泊

F

渔猎

E

D

分散的夏季驻地

C

B

首批夏季村庄(驻地)

肉类风干

观察遗址(哨点)

冻肉贮存点

驻地间移动

屠宰地

A

冬季村庄(驻地)

临河 60 米
等高线

陷阱

0　　　　8 千米

图 5-2　集食者模式示意图

（根据 Binford，Willow Smoke and Dog's Tails: Hunter-Gatherer Settlement Systems and Archaeological Site Formation，*American Antiquity*，1980，45（1）：4-20 改绘。绘图：徐海伦）

　　同时，原料可获性和开发策略所反映的技术组织策略也会对流动性产生重要影响[①]，而流动性在技术组织中也扮演了重要的角色，因为石料并非无处不在，石制品的重量决定了古人类不可能时刻随身携带石料[②]。一般来说，对于定居人群或在居址可以贮存石料的人群来说，石料充足时，则无需随身携带[③]。相反，对于石料缺乏的人群或高流动性人群来说，则需要维护性较高的工具[④]。

　　通天河及登额曲沿岸，高质量的硅质岩石料丰富且容易获取。为了获得这种优质石料，我们可以推测古人类的移动模式会有两种情况：①在一段时间内定居在该区域，这种情况下，古人类的移动模式为较低的迁居式移动（residential mobility），参雄尕朔遗址成为中心营地；②采用后勤式的移动模式（logistical mobility），他们的中心营地在其他地方，这种情况下，参雄尕朔遗址仅为后勤移动中的一个站点，在此停留时间有限。从参雄尕朔遗址的发掘情况来看，第二种情况也许更合理。

　　首先，遗址功能方面，参雄尕朔遗址中废片类产品占据石制品组合的主流，且石核与石片中均存在带石皮的产品，指示遗址功能与石器生产相关；其次，石器技术方面，石片生产、细石叶生产均处于相对较早的阶段，指示了石制品组合中，真正的功能单元被带离遗址，作用于其他地方；最后，从遗址中发现的用火遗迹与石制品的比例来看，二者显示出较强的不对应性，加之该区域高寒缺氧的自然条件，也说明了古人类在这里停留的时间有限。同时，结合细石叶产品便携、维护性较高等属性，我们认为，参雄尕朔遗址的古人类的移动模式为后勤式。

　　纵观青藏高原上目前发现的史前遗存，与参雄尕朔遗址大体处于同时代的遗址包括拉乙亥遗址、野牛沟遗址、西大滩遗址、下大武遗址等，虽然对这些遗址的研究大多缺少石器技术方面的详细研究和石器制作操作链的重建，但从细石叶工艺特征来看，它们与参雄尕朔遗址密切相关。前文技术分析已指出，参雄尕朔的细石叶工艺与华北地区的细石叶工艺亦有相似之处，这说明登额曲流域的细石叶人群应该与青海湖周边、昆仑山口等区域的细石叶人群有过互动。接下来的问题是，这样的互动发生在多大的时间尺度范围内？

　　Kelly 在狩猎采集者流动性研究中曾指出，迁居式移动的爱斯基摩人一年中移动距离的总和为148 千米，若采用后勤式移动，则单程平均距离为 42 千米，往返的距离则不超过 80 千米[⑤]。而参雄尕朔遗址和青海湖之间的最短距离为 400～600 千米，与野牛沟、西大滩、下大武等遗址的距离为 270～320 千米。若以每小时 5 千米的速度计算[⑥]，从参雄尕朔遗址到青海湖周边往返，需要花

① Bamforth, D. B. , Settlement, Raw Material, and Iithic Procurement in the Central Mojave Desert, *Journal of Anthropological Archaeology*, 1990, 9 (1): 70 – 104; Andrefsky, J. W. , The Analysis of Stone Tool Procurement, Production, and Maintenance, *Journal of Archaeological Research*, 2009, 17(1), 65 – 103; Brantingham, P. J. , A Neutral Model of Stone Raw Material Procurement, *American Antiquity*, 2003, 68(3), 487 – 510; Kuhn, S. L. , "Unpacking" Reduction: Lithic Raw Material Economy in the Mousterian of West – Central Italy, *Journal of Anthropological Archaeology*, 1991, 10: 76 – 106.

② Shott, M. , Technological Organization and Settlement Mobility: an Ethnographic Examination, *Journal of Anthropological Research*, 1986, 42(1): 15 – 51; Kelly, R. L. , The Three Sides of a Biface, *American Antiquity*, 1988, 53: 717 – 734.

③ ParryW. J. , Kelly R. L. , Expedient Core Technology and Sedentism, In *The Organization of Core Technology*, edited by Johnson, J. K. and Morrow, C. A. , pp. 285 – 304, 1987, Boulder: Westview Press.

④ Kuhn, S. L. , A Formal Approach to the Design and Assembly of Mobile Toolkits, *American Antiquity*, 1994, 59(3): 426 – 442.

⑤ Kelly, R. L. , *The Lifeways of Hunter – Gatherers*, Cambridge University Press, 2013.

⑥ Minetti, A. E. , Moia, C. , Giulio, S. R. , et al. , Energy Cost of Walking and Running at Extreme Uphill and Downhill Slopes, *Journal of Applied Physiology*, 2002, 93(3): 1039 – 1046; Meyer, M. C. , Aldenderfer, M. S. , Wang, Z. , et al. , Permanent Human Occupation of the Central Tibetan Plateau in the Early Holocene, *Science*, 2017, 355: 64 – 67.

费 80 ~ 120 小时或 160 ~ 240 小时，而往返野牛沟、西大滩、下大武等遗址则需 57 ~ 64 小时或 114 ~ 128 小时。尽管狩猎采集者向来被认为具有较强的移动能力，但在海拔 4000 米左右的青藏高原，这样的旅行也很难在短时间内完成。所以我们认为，在距今 8000 ~ 7000 年左右，青藏高原内不存在短时间内的高低海拔间的长距离迁徙和互动。结合调查发现的其他石器点，登额曲流域可能存在一个更大的史前人群聚落系统，以参雄尕朔遗址为代表的细石叶人群在全新世中期已经活动于高海拔区域。这期待以后更多工作加以验证。

第六章　结语

通过 2012～2015 年调查与发掘工作，我们对玉树地区通天河上游地区的细石叶遗存有了初步的认识。14 处细石叶遗存的石制品类型相似，均包含了简单石核－石片技术产品、细石叶工艺产品和少量加工简单的工具，其中废片类产品占据了石制品的主体。

通过对所有石器点石制品的研究，基本掌握了登额曲流域古人类石器生产的技术特征：

古人类主要从通天河沿岸的砾石层获取砾石，将其带回驻地进行石制品生产，石料获取模式为就地获得，不存在远距离的石料运输，且不存在原料短缺的情况。主要的石料类型为硅质岩。古人类将硅质岩用于所有技术体系石制品的生产，在石料选择上并无差别。部分石制品包含石皮面，显示了石制品生产在遗址中进行。

石片石核台面与石片台面类型、石片背面特征、石核剥片分析等表明，简单石核－石片技术体现为选择合适的台面、剥片面进行剥片，并不对石核台面、剥片面等进行预制，剥片方法主要为锤击法。剥片过程中，古人类虽注重对石核的转向开发，但石皮含量、剥片数量等仍指示古人对其利用有限，体现了权宜性的技术组织策略。

细石叶工艺则主要为楔形细石核生产技术，其他类型的细石核较少。细石核毛坯以石片为主。在细石叶生产过程中，针对不同毛坯类型，古人类采取了不同的预制方法，同时注重对细石核的维护，台面、作业面均以多种方式进行频繁的更新，细石核的利用也达到了最大化，这体现了精致性的技术组织策略。细石叶大多折断，未见二次加工的痕迹。技术对比研究也显示了登额曲流域的细石叶生产与青藏高原东北部及华北地区的同类型技术体系具有较高的相似性。

登额曲流域发现的工具类产品较少，类型单一，主要工具类型为刮削器，工具加工的毛坯主要选择石片，加工部位以侧边和远端为主，加工方向以正向加工为主，加工刃缘数相对较少。

从目前的考古材料来看，14 处石器点中，参雄尕朔遗址的材料最为丰富，是一处未经大量后期扰动的古人类遗存，其年代为距今 8100～7100 年，这与青藏高原东部全新世大暖期的时间范围基本重合。遗址发掘和遗存分布状况显示，古人类可能对该遗址进行了反复利用。石制品类型与组合、石器技术特征分析均显示了参雄尕朔遗址具有石器制造场的功能。古人类来到通天河沿岸，其目的之一是为获取这里的优质石料，他们对动植物利用等方面所反映的生计策略暂时在该遗址中未有体现。

面对登额曲流域丰富的优质石料，古人类采用了就地获取石料的策略，保证了石器生产，其石器技术组织体现了权宜性策略和精致性策略共存，石制品的使用单元均被带离了参雄尕朔遗址。

面对当时的环境与资源状况，古人类可能采取后勤式的移动策略，才能更有效地规避风险，参雄尕朔遗址也成为全新世中期狩猎采集者在该区域活动的庞大的聚落系统中的一个节点，而巨大的旅行成本和投入也使得登额曲流域和青藏高原其他区域细石叶人群的互动不可能在短时间内完成。

　　本报告是对通天河上游登额曲石器地点的报道与初步研究，还存在诸多未解决的问题：如遗址年代虽然通过 AMS 碳十四检测获得了 4 组数据，但这还远远不够；石制品研究方面仍然存在不足，对古人类石料利用的具体情况尚有欠缺，如石料利用程度的分析等；第三，石制品信息、用火遗迹及其分布、遗址地层堆积等虽然显示了遗址埋藏的原生性，但在发掘过程中对遗址中的埋藏信息关注还不够，遗址空间利用分析等研究也尚未开展；最后，我们目前仅有参雄尕朔遗址经过发掘，其余地点暂时未开展系统的发掘与研究。对遗址性质和不同区域细石叶人群关系等问题的探讨还有待验证，期待未来在系统发掘和研究工作的基础上，继续深入，并解决相关问题。

附表一　参雄汛朔石器点地表采集废片类石制品测量数据统计表

	长石片			完整石片			破碎石片			残片			断块		
	最大值	最小值	平均值	最大值	最小值	平均值	最大值	最小值	平均值	最大值	最小值	平均值	最大值	最小值	平均值
长/毫米	112.8	13.4	48.532	109.2	16	42.401	103.3	10.22	29.895	123.4	10.8	29.994	87.96	17.3	34.080
宽/毫米	46.3	9.8	21.764	78.2	11.58	37.733	78.5	10.3	28.884	89	10	25.984	63.14	3.5	21.806
厚/毫米	22.2	3.5	10.432	38.1	4	12.077	38.1	1.22	8.820	37.6	1	9.068	30.8	2.7	12.043
重/克	119.09	1.02	15.639	189.26	1.25	29.732	290.45	0.51	12.649	307.07	0.4	11.438	64.44	0.21	8.064

附表二　参雄汛朔石器点地表采集细石叶、端刮器测量数据统计表

	细石叶近端			细石叶中段			细石叶远端			端刮器		
	最大值	最小值	平均值	最大值	最小值	平均值	最大值	最小值	平均值	最大值	最小值	平均值
长/毫米	38.7	2.58	13.056	27.8	4.72	11.065	26	7.6	15.302	137.32	32.5	76.240
宽/毫米	11.5	2.44	6.896	13	3	6.867	12.3	5.6	7.937	86.6	28.3	59.310
厚/毫米	8	0.8	2.521	7.3	0.16	2.295	5	1.5	3.017	41.5	7.34	26.129
重/克	2.05	0.02	0.316	20.1	0.02	0.469	1.05	0.09	0.421	338.88	8.67	131.137

附表三　参雄尕朔石器点地表采集核类石制品测量数据统计表

	石片石核			预制阶段细石核			剥片阶段细石核			耗竭阶段细石核			细石核断块		
	最大值	最小值	平均值	最大值	最小值	平均值	最大值	最小值	平均值	最大值	最小值	平均值	最大值	最小值	平均值
长/毫米	136.4	44.4	79.302	89.4	32.6	57.45	59.2	28	42.126	26.18	21	23.127	31	10.6	20.817
宽/毫米	120	29	67.108	64.3	30	43.82	42	17	28.493	18.6	12.5	15.48	35.4	13.4	22.117
厚/毫米	97	20.5	42.058	60.9	13.6	30.11	27	13.1	19.183	13.3	7.4	10.48	12.7	8.8	10.733
重/克	919.8	37.73	232.746	331.67	14.8	105.013	53	12.76	27.448	5.28	3.45	4.365	12.86	1.68	6.073

附表四　角考石器点地表采集皮片类石制品测量数据统计表

	长石片			破碎石片			完整石片			残片			断块		
	最大值	最小值	平均值	最大值	最小值	平均值	最大值	最小值	平均值	最大值	最小值	平均值	最大值	最小值	平均值
长/毫米	77.16	31.48	48.378	63	4.4	28.462	84.82	21.9	37.991	78.1	10.6	27.755	110.08	13.3	36.849
宽/毫米	43.7	11.66	21.482	70.6	5.03	29.859	99	20.3	40.614	75.6	11.1	25.594	52.5	5.78	24.982
厚/毫米	23.24	3.72	9.732	28.84	1.02	9.340	28	5.1	12.519	53.7	2.2	8.371	34.9	2.38	12.468
重/克	76.69	2.4	13.789	79.6	1.15	10.085	196.72	2.59	29.570	102.04	0.92	7.424	117.17	0.38	19.212

附表五　角考石器点地表采集细石叶、工具类石制品测量数据统计表

	细石叶近端			细石叶中段			细石叶远端			工具		
	最大值	最小值	平均值	最大值	最小值	平均值	最大值	最小值	平均值	最大值	最小值	平均值
长/毫米	25.92	5.74	13.282	22.28	5.3	11.524	28	13.14	17.920	85.94	15.1	43.670
宽/毫米	11.3	1.06	6.808	11.18	4.36	6.869	9.7	3.74	6.555	58.24	29.62	42.486
厚/毫米	5.58	1.26	2.781	3	1.16	1.985	4.02	1.16	2.608	23.84	5	11.553
重/克	1.89	0.04	0.436	0.55	0.02	0.189	0.83	0.09	0.371	99.24	2.78	27.717

附表六　角考石器点地表采集石核类石制品测量数据统计表

	石片石核			预制阶段细石核			剥片阶段细石核			耗竭阶段细石核			细石核断块		
	最大值	最小值	平均值	最大值	最小值	平均值	最大值	最小值	平均值	最大值	最小值	平均值	最大值	最小值	平均值
长/毫米	84.7	15.6	50.96	51.66	30.3	40.27	49.3	18.5	35.66	32	17.4	24.5	18.5	17.4	17.95
宽/毫米	84	39	54.62	39.4	25.3	33.29	37	13.2	25.68	29.5	15.36	22.67	29.5	16.5	23
厚/毫米	63.2	16.4	39.12	26.5	12.4	20.05	23.4	9.3	17.31	23.7	6.2	12.58	23.7	23.4	23.55
重/克	247.13	31.06	125.94	49.34	12.64	32.69	40.58	5.61	19.62	12.58	2.99	7.11	11.9	6.5	9.2

附表七 西琼达石器点地表采集废片类、工具类石制品测量数据统计表

	完整石片			破碎石片			残片			断块			工具		
	最大值	最小值	平均值	最大值	最小值	平均值	最大值	最小值	平均值	最大值	最小值	平均值	最大值	最小值	平均值
长/毫米	55.92	19.66	38.807	94.04	10.12	28.171	65.12	8.68	25.182	63.96	10.92	25.406	81.58	22.88	57.078
宽/毫米	60.28	30.72	47.177	72.56	12.54	29.253	84.64	11.16	28.418	43.86	11.54	23.329	69.76	22.56	45.680
厚/毫米	19.06	9.32	13.497	26.88	3.24	7.948	30.42	2.62	7.916	22.1	3.74	9.885	32.56	7.56	17.080
重/克	36.16	14.96	25.903	210.52	0.7	11.227	125.88	0.57	9.729	34.69	0.93	8.001	204.98	4.39	69.226

附表八 尕琼石器点地表采集废片类、工具类石制品测量数据统计表

	完整石片			破碎石片			残片			断块			工具		
	最大值	最小值	平均值	最大值	最小值	平均值	最大值	最小值	平均值	最大值	最小值	平均值	最大值	最小值	平均值
长/毫米	56.18	24.22	39.003	60.52	11.48	28.385	221.64	9.12	31.270	49.78	16.44	27.374	88.64	11.48	58.124
宽/毫米	42.58	19.22	29.025	66.32	12.14	30.031	58.12	10	25.324	55.22	7.06	22.218	80.72	25.14	50.178
厚/毫米	18.04	4.52	9.465	16.78	2.62	7.993	22.16	2.86	7.158	38.26	2.82	10.170	24.96	5.06	15.593
重/克	25.19	2.25	12.068	35.66	0.44	8.440	56.67	0.62	5.746	102.94	0.49	12.890	103.89	1.75	57.087

附表九　尕琼石器点地表采集细石叶测量数据统计表

	细石叶近端			细石叶中段			细石叶远端		
	最大值	最小值	平均值	最大值	最小值	平均值	最大值	最小值	平均值
长/毫米	25.42	7.88	15.742	20.82	5.38	12.977	32.18	10.58	19.837
宽/毫米	8.54	4.68	6.784	10.18	4.68	6.719	6.8	5.32	6.257
厚/毫米	4.88	1	2.201	3.08	0.98	1.843	4.32	1.82	3.213
重/克	0.57	0.06	0.257	0.43	0.05	0.203	0.71	0.15	0.415

附表一〇　尕达石器点地表采集破碎石片测量数据统计表

	长/毫米	宽/毫米	厚/毫米	重/克
最大值	45.22	46.62	12.36	18.56
最小值	19.88	16.48	3.48	1.52
平均值	28.593	27.351	7.913	7.747

附表一一　普卡巴玛石器点地表采集废片类（部分）石制品测量数据统计表

		长/毫米	宽/毫米	厚/毫米	重/克
破碎石片	最大值	73	74.14	16.52	41.49
	最小值	17.22	23.62	7.42	6.4
	平均值	37.351	40.615	11.688	18.008
残片	最大值	50.96	41.66	18.16	20.46
	最小值	16.42	9.52	3.32	2.15
	平均值	32.079	25.24	9.042	10.159

附表一二　结吉多石器点地表采集废片类（部分）石制品测量数据统计表

		长/毫米	宽/毫米	厚/毫米	重/克
破碎石片	最大值	47.14	42.44	17.04	21.18
	最小值	14	10.84	1.72	1.08
	平均值	27.523	25.029	7.757	6.911
完整石片	最大值	69.54	39.54	13.28	30.82
	最小值	15.32	17.44	3.24	0.77
	平均值	34.391	26.726	7.451	10.976

附表一三　香热西科石器点地表采集废片类（部分）石制品测量数据统计表

		长/毫米	宽/毫米	厚/毫米	重/克
破碎石片	最大值	48.6	58.26	19.72	57
	最小值	31.8	44.94	16.8	18.6
	平均值	40.704	50.88	18.152	35.358
残片	最大值	60.7	40.38	14.5	20.66
	最小值	21.58	23.34	5.58	3.41
	平均值	41.460	33.349	10.726	13.117

附表一四　章齐达石器点地表采集石制品（部分）测量数据统计表

		长/毫米	宽/毫米	厚/毫米	重/克
破碎石片	最大值	31.04	37.68	11.24	9.84
	最小值	17.9	11.48	5.84	1.22
	平均值	23.749	26.540	8.114	5.824
工具	最大值	70.68	57.64	20.1	32.32
	最小值	18.88	19.6	7.96	3.16
	平均值	41.444	36.792	13.224	16.904

附表一五　撒通达石器点地表采集破碎石片及残片测量数据统计表

撒通达石器点		长/毫米	宽/毫米	厚/毫米	重/克
破碎石片	最大值	43.26	54.64	20.74	38.28
	最小值	14.52	23.68	7.08	2.59
	平均值	27.125	35.911	11.060	13.673
残片	最大值	33.84	35.5	14.64	22.61
	最小值	23.14	18.58	7.94	4.6
	平均值	29.833	28.355	10.847	12.017

附表一六　白文卡石器点地表采集破碎石片测量数据统计表

	长/毫米	宽/毫米	厚/毫米	重/克
最大值	51.18	49.24	14.32	27.16
最小值	27.48	27.54	8.74	11.88
平均值	40.785	38.005	11.498	18.895

附表一七　参雄尕朔遗址 2013 年发掘表土层废片类石制品测量数据统计表

	破碎石片				完整石片				残片				断块			
	长/毫米	宽/毫米	厚/毫米	重/克	长/毫米	宽/毫米	厚/毫米	重/克	长/毫米	宽/毫米	厚/毫米	重/克	长/毫米	宽/毫米	厚/毫米	重/克
最大值	89.8	69.6	23.5	63.29	59.3	59.6	27.1	105.91	82	58.8	23.5	61.93	55.5	29.5	17	26.42
最小值	13.8	11.8	3.9	0.92	19	16	5	1.97	13.4	10	3.7	0.65	19	2	3.2	0.36
平均值	32.765	30.024	9.794	14.170	41.431	31.646	10.708	24.678	39.775	28.745	11.162	16.834	29.133	14.725	9.025	6.867

附表一八　参雄尕朔遗址 2013 年发掘第一文化层废片类石制品测量数据统计表

	破碎石片				完整石片				残片				断块			
	长/毫米	宽/毫米	厚/毫米	重/克	长/毫米	宽/毫米	厚/毫米	重/克	长/毫米	宽/毫米	厚/毫米	重/克	长/毫米	宽/毫米	厚/毫米	重/克
最大值	78.6	79.5	32	169.65	69.1	47.4	22.2	64.6	113.1	74.7	37.4	242.01	44.1	35.6	22.3	14.95
最小值	9.4	7.9	1.1	0.32	14	10.3	3.3	1.32	8.8	8	2.6	0.34	9.1	8.8	3	0.51
平均值	28.080	29.662	8.590	13.045	27.900	26.285	8.605	11.597	31.651	29.903	9.304	22.234	26.244	19.628	8.368	4.516

附表一九　参雄汍朔遗址 2013 年发掘第二文化层废片类石制品测量数据统计表

	破碎石片				完整石片				残片				断块			
	长/毫米	宽/毫米	厚/毫米	重/克	长/毫米	宽/毫米	厚/毫米	重/克	长/毫米	宽/毫米	厚/毫米	重/克	长/毫米	宽/毫米	厚/毫米	重/克
最大值	83	86.8	45.7	190.21	84.5	74.9	24.6	109.5	88.4	80.5	31.7	230.54	120.7	71.8	67.5	351.13
最小值	7.3	6.5	1.1	0.31	15.3	6.5	3.7	0.66	9.6	6.4	1.7	0.27	9.2	6.4	2.5	0.52
平均值	33.28	29.52	9.53	13.01	37.09	32.68	8.88	17.70	35.70	26.51	9.44	13.71	38.94	24.81	12.3	20.63

附表二〇　参雄汍朔遗址 2013 年发掘细石叶测量数据统计表

		表土层				CL1				CL2			
		长/毫米	宽/毫米	厚/毫米	重/克	长/毫米	宽/毫米	厚/毫米	重/克	长/毫米	宽/毫米	厚/毫米	重/克
细石叶近端	最大值	25	9	5.4	0.94	34.1	11.8	5.7	1.06	39.3	11.4	3.9	0.9
	最小值	5.5	4.6	1.3	0.04	4.4	1.4	0.06	0.00995	7.3	4.5	1	0.06
	平均值	14.368	7.095	2.284	0.296	13.576	5.397	1.561	0.175	22.629	7.446	2.135	0.436
细石叶中段	最大值	20.5	9	4.3	0.59	24.5	9.3	4	0.52	28.7	10.4	3.3	0.74
	最小值	8.1	4	1.2	0.06	4.8	2.9	0.6	0.00946	5.9	4.3	1	0.02
	平均值	13.517	6.583	2.332	0.255	13.988	5.610	1.913	0.187	16.968	6.758	2.003	0.292
细石叶远端	最大值					21.7	10.7	3.8	0.52	30.4	10.9	3.8	1.11
	最小值					9.6	3	0.9	0.02	2.8	4.5	1.4	0.01
	平均值					16.733	5.867	2.092	0.228	21.141	8.129	2.706	0.548

英文提要

The Deng'e River Valley is one of the most densely microblade sites distribution areas on the Tibetan Plateau, with abundant lithic artifacts. The Tshem gzhung kha thog(TGKT) site has been systematically excavated, lithic artifacts and hearths have been unearthed. Excavations have shown that the site has two Cultural Layers(CL), the CL1 dated to 7265 – 7160 years ago and CL2 dated to 8171 – 7431 years ago.

This book is a phase report on the study of surface collected stone artifacts and excavated archaeological materials from the TGKT site. It provides a comprehensive report on the distribution of localities in Deng'e River Valley, types and characteristics of lithic artifacts, excavation, stratigraphy and dating of the TGKT site, and the types of lithic artifacts. The function of TGKT is discussed on the basis of the assemblage of lithic artifacts, technology analysis, and the distribution of the excavated remains; a techno – typological analysis of all lithic artifacts is conducted under the idea of "*Chaĭne Opératoire* " to restore the process of micorblade production; the distribution of surrounding resources and the acquisition and use of raw materials at the site are discussed. We explored the technical organization strategies and mobility patterns of ancient humans, which provide materials for the technological evolution and environmental adaptation of Middle Holocene in eastern Tibetan Plateau.

后　记

　　登额曲流域石器点的调查是联合考古队多方合作、共同努力的重要成果之一。2012～2015 年的田野工作领队为青海省文物考古研究所任晓燕所长，石器点的调查与发掘得到了玉树州文物局、治多县文物管理所等单位的大力支持与帮助。

　　参加玉树州历年调查与发掘工作的有：

　　青海省文物考古研究所蔡林海（执行领队）、宋耀春、杜玮、李冀源、顾希娟、秦岩；

　　四川大学考古文博学院教师何元洪（执行领队），学生赵其旺、陈亚军、潘绍池、张景龙、格桑卓嘎、唐淼、蒋辉、杨波、曹家勇、谭达、王彦明、黄超、韩芳、李帅、朱德涛、张寒东、郭锋、魏楠、任星河、马驰浩、祝铭、李奎、王鑫、曾力；

　　成都文物考古研究院马春燕、李佩；

　　玉树州文物局索南旦周、扎西卓玛；

　　治多县文物管理所江才龙珠等。

　　石器点所获材料的整理与研究主要由四川大学吕红亮、韩芳以及青海省文物考古研究所杜玮完成。整理与研究工作得到了青海省文物考古研究所乔虹副所长的大力支持和四川大学多位本科生与研究生的帮助。本报告涉及的遗址发掘场景、遗存分布等照片均为 2013 年田野发掘过程中拍摄，石制品照片拍摄由四川大学李桢荣完成，线图绘制由许永江完成。

　　本项目的前期研究成果分别在《人类学学报》、《考古学与人类学科学》（Archaeological and Anthropological Sciences）、《考古》上发表，四川大学研究生韩芳曾以本项目石器地点为研究对象撰写其硕士论文。本报告统稿主要由吕红亮、韩芳完成，其中韩芳承担了大部分工作。

　　本报告的主体内容于 2017 年完成，随后的研究中作者对相关内容进行了更新。毋庸置疑，本书仍有不足之处。例如，参雄尕朔遗址的地貌、沉积学和年代学的研究有待加强，石制品的技术和石料经济等分析研究仍有待细化，石制品功能研究亟待开展。本报告仅为玉树州史前考古研究的阶段性成果，欢迎学界同仁批判指正。